2023
中国电子视像行业
统计年鉴

STATISTICAL YEARBOOK OF
CHINA'S ELECTRONIC VIDEO INDUSTRY IN 2023

中国电子视像行业协会 编

电子工业出版社
Publishing House of Electronics Industry
北京·BEIJING

内 容 简 介

电子视像产业包括了消费电子、商用电子显示终端及其上下游供应链等，是制造业的重要组成部分，对于推动我国制造业高质量发展、进一步提升国家竞争力具有一定的重要作用。

中国电子视像行业协会积极推动行业发展新质生产力、推进新型工业化、实现制造强国。本书从七个方面反映了 2023 年中国电子视像行业的发展情况和所取得的成就，收录并修正了近三年的统计数据，较全面系统地展示了技术现状和市场运行的有关数据，主要为相关政府机关、企事业单位、科研院所等机构提供参考。

未经许可，不得以任何方式复制或抄袭本书之部分或全部内容。
版权所有，侵权必究。

图书在版编目（CIP）数据

2023 中国电子视像行业统计年鉴 / 中国电子视像行业协会编. -- 北京 : 电子工业出版社, 2024. 12.
ISBN 978-7-121-49273-0

Ⅰ. F426.67-54

中国国家版本馆 CIP 数据核字第 20247FL012 号

责任编辑：米俊萍
印　　刷：北京捷迅佳彩印刷有限公司
装　　订：北京捷迅佳彩印刷有限公司
出版发行：电子工业出版社
　　　　　北京市海淀区万寿路 173 信箱　邮编：100036
开　　本：720×1000　1/16　印张：12.25　字数：147 千字
版　　次：2024 年 12 月第 1 版
印　　次：2024 年 12 月第 1 次印刷
定　　价：128.00 元

凡所购买电子工业出版社图书有缺损问题，请向购买书店调换。若书店售缺，请与本社发行部联系，联系及邮购电话：(010) 88254888，88258888。
质量投诉请发邮件至 zlts@phei.com.cn，盗版侵权举报请发邮件至 dbqq@phei.com.cn。
本书咨询联系方式：mijp@phei.com.cn。

2023 中国电子视像行业统计年鉴编委会

名誉主任： 李东生

主　　任： 刘棠枝　郝亚斌

副 主 任： 冯晓曦　彭健锋　董　敏　董秋红

编委会成员（按照姓名汉语拼音排序）：

　　曹卫巍　哈　图　贺　雁　黄　丹
　　黄卫东　蒋贝贝　鞠　香　栗晨元
　　李　鑫　刘　晨　刘定坤　刘　飞
　　刘嘉琦　刘　阳　陆　杨　王先明
　　汪子莘　翁振华　阳竞希　翟丽媛
　　张俊霞　张利利　张　宁　郑海艳
　　钟　强　朱圆圆

编辑说明

1. 本书全面系统地介绍了中国电子视像行业发展情况，主要指标着重反映了 2023 年中国电子视像行业各方面所取得的成就，也收录了近三年的统计数据。

2. 本书内容分为 7 个部分，分别为：（1）电子信息制造业；（2）电子视像行业消费级终端；（3）电子视像行业商用显示终端；（4）电子视像行业半导体显示供应链；（5）电子视像行业新型显示技术；（6）电子视像行业各地开发园区；（7）电子视像行业相关企业名录。为了便于读者正确使用资料，本书附主要统计指标解释。

3. 根据最新掌握的统计资料及国家新的统计制度的规定，本书对过去发表的一些重要统计资料重新予以核实，对部分历史数据进行了修订。因此，读者在使用历史资料时，凡与本书有出入的，均以本书为准。

4. 本书对部分数据由于单位取舍不同而产生的计算误差均未做机械调整。

5. 为便于读者使用，本书特编制了主要指标的定基指数、环比指数和年平均增长速度。

6. 本书使用的符号"—"表示数据为零或无该项数据；本书统计数据

或计算数据统一精确到小数点后一位。

7．除特别说明外，本书提到的中国数据均不含港澳台地区的统计数据。

8．本书使用的数据来源于工业和信息化部公开信息，以及洛图科技、奥维云网、奥维睿沃、群智咨询、格兰研究等机构。

9．本书若存在不足和错漏，希望读者不吝批评指正，帮助我们改进，以期更好地为广大读者服务。

目　录

第1章	中国电子信息制造业运行概况	1
1.1	2021—2023年中国电子信息制造业数据汇总	2
1.2	2023年中国电子信息制造业运行概述	2
1.3	2023年中国电子视像行业相关政策汇总	4
第2章	中国电子视像行业消费级终端运行概况	9
2.1	2021—2023年中国电子视像行业消费级泛显示终端数据汇总	10
2.2	2023年中国电子视像行业消费级泛显示终端运行概述	10
2.2.1	2023年中国手机行业统计概况	10
2.2.2	2023年中国电视机行业统计概况	11
2.2.3	2023年中国移动智慧屏行业统计概况	16
2.2.4	2023年中国智能投影行业统计概况	18
2.2.5	2023年中国显示器行业统计概况	23
2.2.6	2023年中国智能平板行业统计概况	27
2.2.7	2023年中国XR设备行业统计概况	31
2.2.8	2023年中国机顶盒行业统计概况	34
2.3	2021—2023年中国电子视像行业消费级音频终端数据汇总	38
2.4	2023年中国电子视像行业消费级音频终端运行概述	39
2.4.1	2023年中国耳机/耳麦行业统计概况	39
2.4.2	2023年中国蓝牙音箱行业统计概况	41

　　　　2.4.3　2023 年中国智能音箱行业统计概况 ················· 44
　　　　2.4.4　2023 年中国回音壁行业统计概况 ····················· 46
　2.5　2021—2023 年中国电子视像行业消费级安防终端数据汇总 ··· 49
　2.6　2023 年中国电子视像行业消费级安防终端运行概述 ········· 49
　　　　2.6.1　2023 年中国智能门锁行业统计概况 ················· 49
　　　　2.6.2　2023 年中国监控摄像头行业统计概况 ············· 52

第 3 章 中国电子视像行业商用显示终端运行概况 ················· 55

　3.1　2021—2023 年中国电子视像行业商用显示终端数据汇总 ········ 56
　3.2　2023 年中国电子视像行业商用显示终端运行概述 ············· 56
　　　　3.2.1　2023 年中国交互平板行业统计概况 ················· 56
　　　　3.2.2　2023 年中国数字标牌行业统计概况 ················· 63
　　　　3.2.3　2023 年中国商用投影行业统计概况 ················· 65
　　　　3.2.4　2023 年中国商用电视行业统计概况 ················· 70
　　　　3.2.5　2023 年中国大屏幕墙行业统计概况 ················· 71

第 4 章 中国电子视像行业半导体显示供应链运行概况 ··········· 77

　4.1　2021—2023 年中国电子视像行业半导体显示供应链数据汇总 ··· 78
　4.2　2023 年中国电子视像行业半导体显示供应链运行概述 ········· 78
　　　　4.2.1　2023 年电视面板行业统计概况 ························· 78
　　　　4.2.2　2023 年大尺寸交互平板面板行业统计概况 ········ 81
　　　　4.2.3　2023 年手机面板行业统计概况 ························· 82
　　　　4.2.4　2023 年显示器面板行业统计概况 ····················· 84
　　　　4.2.5　2023 年车载显示面板行业统计概况 ················· 86

第 5 章 中国电子视像行业新型显示技术发展概况 ··················· 89

　5.1　2023 年 OLED 显示技术发展与展望 ···································· 90
　5.2　2023 年激光显示技术发展与展望 ··· 94
　5.3　2023 年 Mini LED 技术发展与展望 ····································· 100

目 录

5.4　2023 年 Micro LED 技术发展与展望 ……………………………… 102

5.5　2023 年电子纸技术发展与展望 ………………………………………… 106

5.6　2023 年显示行业视觉健康发展与展望 ………………………………… 110

第 6 章　中国电子视像行业各地开发园区发展概况 …………………………… 113

6.1　京津冀地区开发园区发展概况 ………………………………………… 114

6.2　长三角地区开发园区发展概况 ………………………………………… 115

6.3　东南沿海地区开发园区发展概况 ……………………………………… 118

6.4　中西部地区开发园区发展概况 ………………………………………… 120

附录 A　液晶面板企业 ………………………………………………………… 123

附录 B　LED 供应链企业 ……………………………………………………… 129

附录 C　电子纸供应链企业 …………………………………………………… 137

附录 D　消费级泛显示终端品牌企业 ………………………………………… 143

附录 E　消费级音频终端品牌企业 …………………………………………… 167

附录 F　消费级安防终端品牌企业 …………………………………………… 171

附录 G　商用级显示终端品牌企业 …………………………………………… 177

第 1 章
中国电子信息制造业运行概况

1.1 2021—2023 年中国电子信息制造业数据汇总

2021—2023 年中国电子信息制造业数据如表 1.1 所示。

表 1.1 2021—2023 年中国电子信息制造业数据

类别	指标	2021 年	2022 年	2023 年
规模以上电子信息制造业	营业收入（亿元）	141285.0	154487.0	151068.0
	营业收入增速	14.7%	5.5%	-1.5%
	利润总额（亿元）	8283.0	7390.0	6411.0
	利润总额增速	38.9%	-13.1%	-8.6%
	固定资产投资增速	22.3%	18.8%	9.3%
规模以上电子信息制造业增加值	工业增加值增速	9.6%	3.6%	4.6%
	电子信息制造业增加值增速	15.7%	7.6%	3.4%
规模以上电子信息制造业出口交货值	工业出口交货值增速	17.7%	5.5%	-3.9%
	电子信息制造业出口交货值增速	12.7%	1.8%	-6.3%

1.2 2023 年中国电子信息制造业运行概述[*]

2023 年，我国电子信息制造业生产恢复向好，出口增速收窄，效益逐步恢复，投资平稳增长，多区域营业收入降幅收窄。

1. 生产保持恢复向好

2023 年，规模以上电子信息制造业增加值同比增长 3.4%，增速比同期

---

[*] 1. 本节统计数据除注明外，均为国家统计局数据或据此测算的数据。
2. 本节中的"电子信息制造业"与国民经济行业分类中的"计算机、通信和其他电子设备制造业"为同一口径。

第1章　中国电子信息制造业运行概况

工业低 1.2 个百分点，比高技术制造业高 0.7 个百分点。12 月，规模以上电子信息制造业增加值同比增长 9.6%。

2023 年，主要产品中，手机产量为 15.7 亿台，同比增长 6.9%，其中智能手机产量为 11.4 亿台，同比增长 1.9%；微型计算机设备产量为 3.3 亿台，同比下降 17.4%；集成电路产量为 3514.0 亿块，同比增长 6.9%。

2．出口增速有所回落

规模以上电子信息制造业出口交货值同比下降 6.3%，比同期工业出口交货值降幅深 2.4 个百分点。12 月，规模以上电子信息制造业出口交货值同比下降 5.5%。

据海关统计，2023 年，我国出口笔记本电脑 1.4 亿台，同比下降 15.1%；出口手机 8.0 亿台，同比下降 2%；出口集成电路 2678.0 亿块，同比下降 1.8%。

3．效益逐步恢复

2023 年，电子信息制造业实现营业收入 15.1 万亿元，同比下降 1.5%；营业成本为 13.1 万亿元，同比下降 1.4%；实现利润总额 6411.0 亿元，同比下降 8.6%；营业收入利润率为 4.2%。

4．投资平衡增长

2023 年，电子信息制造业固定资产投资同比增长 9.3%，比同期工业投资增速高 0.3 个百分点，但比高技术制造业投资增速低 0.6 个百分点。

1.3　2023年中国电子视像行业相关政策汇总*

2023年中国电子视像行业相关政策汇总如表1.2所示。

表1.2　2023年中国电子视像行业相关政策汇总

序号	发布时间	发布单位	发布内容
1	2023年1月3日	工业和信息化部 国家发展和改革委员会 财政部 国家市场监督管理总局	2022年度智能制造示范工厂揭榜单位和优秀场景名单
2	2023年1月13日	工业和信息化部等十六部门	关于促进数据安全产业发展的指导意见
3	2023年1月17日	工业和信息化部产业政策与法规司	《关于深化电子电器行业管理制度改革的意见》有关情况的解读
4	2023年2月21日	工业和信息化部	关于公布2022年消费品工业"三品"战略示范城市名单的通告
5	2023年3月6日	工业和信息化部 国家发展和改革委员会 国家市场监督管理总局	2022年重点用能行业能效"领跑者"企业名单
6	2023年3月24日	工业和信息化部办公厅	关于公布2022年度绿色制造名单的通知
7	2023年4月10日	工业和信息化部办公厅	关于组织开展2023年物联网赋能行业发展典型案例征集工作的通知
8	2023年4月23日	工业和信息化部等八部门	关于推进IPv6技术演进和应用创新发展的实施意见
9	2023年5月8日	工业和信息化部办公厅 商务部办公厅	关于开展2023"三品"全国行活动的通知
10	2023年5月8日	工业和信息化部办公厅	关于组织开展2023年老年用品产品推广目录申报工作的通知

---

* 发布单位名称来源于官方文件。

第1章 中国电子信息制造业运行概况

（续表）

序号	发布时间	发布单位	发布内容
11	2023年5月15日	工业和信息化部办公厅	关于印发2023年第一批行业标准制修订和外文版项目计划的通知
12	2023年6月15日	工业和信息化部办公厅	关于开展2023年工业和信息化质量提升与品牌建设工作的通知
13	2023年6月30日	工业和信息化部 民政部 国家卫生健康委	关于公布《智慧健康养老产品及服务推广目录（2022年版）》的通告
14	2023年6月30日	工业和信息化部等五部门	关于印发《制造业可靠性提升实施意见》的通知
15	2023年7月3日	工业和信息化部办公厅	关于开展2023年工业通信业百项团体标准应用示范项目申报工作的通知
16	2023年7月17日	工业和信息化部办公厅	关于组织开展2023年度工业节能诊断服务工作的通知
17	2023年7月20日	工业和信息化部办公厅 教育部办公厅 文化和旅游部办公厅 国家广播电视总局办公厅 国家体育总局办公厅	关于征集虚拟现实先锋应用案例的通知
18	2023年7月21日	工业和信息化部办公厅	关于开展2023年度绿色制造名单推荐工作的通知
19	2023年8月1日	工业和信息化部办公厅 国家发展改革委办公厅 财政部办公厅 国务院国资委办公厅 市场监管总局办公厅	关于开展2023年度智能制造试点示范行动的通知
20	2023年8月4日	工业和信息化部办公厅	关于印发2023年第二批行业标准制修订和外文版项目计划的通知
21	2023年8月28日	工业和信息化部 国务院国资委	关于印发前沿材料产业化重点发展指导目录（第一批）的通知

(续表)

序号	发布时间	发布单位	发布内容
22	2023年8月29日	工业和信息化部	关于印发制造业技术创新体系建设和应用实施意见的通知
23	2023年9月5日	工业和信息化部 财政部	关于印发电子信息制造业2023—2024年稳增长行动方案的通知
24	2023年9月5日	工业和信息化部办公厅 国家知识产权局办公室	关于印发《知识产权助力产业创新发展行动方案（2023—2027年）》的通知
25	2023年9月5日	工业和信息化部办公厅	关于组织开展2023年度工业和信息化质量提升典型案例遴选工作的通知
26	2023年9月8日	工业和信息化部办公厅 教育部办公厅 文化和旅游部办公厅 国务院国资委办公厅 广电总局办公厅	关于印发《元宇宙产业创新发展三年行动计划（2023—2025年）》的通知
27	2023年9月11日	工业和信息化部办公厅	关于组织开展2023年新一代信息技术与制造业融合发展示范申报工作的通知
28	2023年9月13日	工业和信息化部办公厅	关于组织开展2023年未来产业创新任务揭榜挂帅工作的通知
29	2023年9月26日	工业和信息化部办公厅 民政部办公厅 国家卫生健康委员会办公厅	关于开展2023年智慧健康养老应用试点示范遴选及2017—2019年（前三批）试点示范复核工作的通知
30	2023年9月28日	工业和信息化部办公厅	关于2023年度享受增值税加计抵减政策的先进制造业企业名单制定工作有关事项的通知
31	2023年10月9日	工业和信息化部办公厅	关于组织开展2023年国家技术创新示范企业认定及国家技术创新示范企业复核评价工作的通知
32	2023年10月11日	工业和信息化部办公厅 市场监管总局办公厅	关于开展2023年度智能制造系统解决方案揭榜挂帅项目申报工作的通知

第1章 中国电子信息制造业运行概况

(续表)

序号	发布时间	发布单位	发布内容
33	2023年10月13日	工业和信息化部办公厅	关于组织开展2023年消费品工业"三品"战略示范城市申报和评估工作的通知
34	2023年10月18日	工业和信息化部办公厅 教育部办公厅 文化和旅游部办公厅 国家广播电视总局办公厅 国家体育总局办公厅	关于公布2023年度虚拟现实先锋应用案例名单的通知
35	2023年11月14日	工业和信息化部办公厅	关于印发2023年第三批行业标准制修订和外文版项目计划的通知
36	2023年11月23日	工业和信息化部办公厅	关于印发《"5G+工业互联网"融合应用先导区试点工作规则（暂行）》《"5G+工业互联网"融合应用先导区试点建设指南》的通知
37	2023年12月6日	工业和信息化部 国家发展和改革委员会 财政部 国务院国有资产监督管理委员会 国家市场监督管理总局	2023年度智能制造示范工厂揭榜单位和优秀场景名单
38	2023年12月6日	工业和信息化部	关于公布2023年团体标准应用示范项目的通告
39	2023年12月13日	工业和信息化部办公厅 国家发展改革委办公厅 市场监管总局办公厅	关于组织开展2023年度重点行业能效"领跑者"企业遴选工作的通知
40	2023年12月15日	工业和信息化部 教育部 商务部 文化和旅游部 国家广播电视总局 国家知识产权局 中央广播电视总台	关于印发《关于加快推进视听电子产业高质量发展的指导意见》的通知
41	2023年12月22日	工业和信息化部	关于发布重点新材料首批次应用示范指导目录（2024年版）的通告

（续表）

序号	发布时间	发布单位	发布内容
42	2023年12月27日	工业和信息化部	关于印发《促进数字技术适老化高质量发展工作方案》的通知
43	2023年12月29日	工业和信息化部等八部门	关于加快传统制造业转型升级的指导意见
44	2023年12月29日	工业和信息化部 国家标准化管理委员会	关于印发《工业领域数据安全标准体系建设指南（2023版）》的通知

第 2 章
中国电子视像行业消费级终端运行概况

2.1 2021—2023 年中国电子视像行业消费级泛显示终端数据汇总

2021—2023 年中国电子视像行业消费级泛显示终端数据如表 2.1 所示。

表 2.1 2021—2023 年中国电子视像行业消费级泛显示终端数据

品 类	销量（万台）			销售额（亿元）		
	2021 年	2022 年	2023 年	2021 年	2022 年	2023 年
行业整体	51573.9	42370.2	42649.9	14149.7	11532.6	12395.2
手机	34658.0	26928.0	28800.0	11419.8	9018.2	10022.4
电视机	3818.0	3661.2	3175.0	1376.3	1167.0	1070.2
移动智慧屏	—	0.4	14.8	—	0.1	6.5
智能投影	480.3	617.8	586.4	116.1	125.3	103.7
显示器	2507.0	2307.9	2283.2	371.1	299.0	257.3
智能平板	2846.4	2994.2	3084.2	852.5	892.6	915.7
XR 设备	48.2	93.4	61.3	13.9	30.4	19.4
机顶盒	7216.0	5767.5	4645.0	—	—	—

2.2 2023 年中国电子视像行业消费级泛显示终端运行概述

2.2.1 2023 年中国手机行业统计概况

2023 年上半年，由于经济环境（居民更偏向储蓄）及新冠疫情的影响，手机市场低迷，而在下半年，随着国家大力重振经济，推出各种消费券等

第 2 章　中国电子视像行业消费级终端运行概况

类似补贴活动，刺激居民消费，加上华为手机回归、国内其他安卓厂商在旗舰机型上推出端侧大模型，提升了人们对手机市场的关注度，市场需求虽有所好转，但呈现一个缓慢爬坡的阶段，直到 2023 年第四季度才开始正向持续增长。2023 年，中国手机市场整体销量累计 28800.0 万台，同比增长 7.0%。

其中，5G 手机销量为 23943.0 万台，同比增长 11.9%，占同期手机销量的 83.1%。5G 手机自 2019 年年中正式面世到 2023 年年底，用了约四年半的时间就占据了智能手机市场的领先位置。

此外，2023 年，国产品牌手机销量累计 23011.2 万台，同比增长 1.1%，占同期手机销量的 79.9%；上市新机型累计 406 款，同比增长 5.5%，占同期手机上市新机型数量的 92.1%。

2021—2023 年手机市场统计数据如表 2.2 所示。

表 2.2　2021—2023 年手机市场统计数据

类别	类别明细	销量（万台）		
		2021 年	2022 年	2023 年
行业整体		34658.0	26928.0	28800.0
类型	5G 手机	26615.0	21394.0	23943.0
	4G 手机	8043.0	5534.0	4857.0

2.2.2　2023 年中国电视机行业统计概况

作为电子视像制造业的重要组成部分，电视机的发展轨迹传承着中国制造业，在经历高速增长之后，中国彩色电视机进入成熟周期。周期转换，加之需求定位的快速变化，中国电视机市场规模开始下滑，2023 年中国电视机市场销量为 3175.0 万台，同比下降 13.3%；销售额为 1070.2 亿元，同比下降 8.3%。

客厅展示和待客的功能有所弱化，用户时间的碎片化，收视设备选择的多样化等是电视机刚需性减弱的主要原因。

不过，智能电视机技术应用百花齐放，大尺寸、Mini LED、8K 等成为近两年的产品标签。游戏电视机、会议电视机、适老电视机等逐一发布，增加了市场的活跃度。

2021—2023 年中国电视机市场统计数据如表 2.3 所示。

表 2.3 2021—2023 年中国电视机市场统计数据

类别	类别明细	销量 2021年	销量 2022年	销量 2023年	销售额 2021年	销售额 2022年	销售额 2023年
	行业整体	3818.0万台	3661.2万台	3175.0万台	1376.3亿元	1167.0亿元	1070.2亿元
渠道	线上	65.1%	73.6%	75.7%	53.1%	57.9%	58.4%
	线下	34.9%	26.4%	24.3%	46.9%	42.1%	41.6%
清晰度	HD	11.8%	10.9%	7.9%	3.4%	3.2%	1.9%
	FHD	14.8%	11.5%	12.2%	6.0%	4.2%	3.8%
	UHD	73.2%	77.4%	79.8%	89.6%	91.9%	93.9%
	8K	0.2%	0.2%	0.1%	1.0%	0.8%	0.4%
重点技术	Mini LED 电视机	0.3%	1.0%	2.9%	1.0%	3.7%	9.5%
	OLED 电视机	0.8%	0.9%	0.3%	3.2%	3.2%	1.1%
	高刷电视机	6.9%	13.5%	32.0%	18.8%	30.7%	53.8%
重点尺寸	32 英寸	11.7%	11.9%	8.5%	3.1%	3.0%	1.7%
	40 英寸	2.3%	1.7%	0.9%	0.9%	0.6%	0.3%
	43 英寸	13.7%	13.3%	13.9%	6.2%	5.6%	4.8%
	50 英寸	5.4%	6.1%	4.8%	3.6%	3.2%	2.2%
	55 英寸	26.0%	24.0%	19.6%	23.1%	19.3%	13.4%
	65 英寸	20.9%	21.3%	21.8%	29.1%	27.5%	23.0%
	75 英寸	7.3%	11.8%	19.1%	15.6%	22.1%	29.1%

第 2 章 中国电子视像行业消费级终端运行概况

（续表）

类别	类别明细	销量 2021年	销量 2022年	销量 2023年	销售额 2021年	销售额 2022年	销售额 2023年
重点尺寸	85 英寸	0.9%	2.1%	6.0%	4.2%	7.1%	14.6%
	86 英寸	0.5%	0.7%	0.9%	1.4%	2.0%	2.3%
	98 英寸	0.1%	0.3%	0.4%	1.0%	2.0%	2.5%
	其他	11.2%	6.8%	4.1%	11.8%	7.6%	6.1%
价格段	0~999 元	10.8%	19.9%	18.2%	2.8%	5.5%	4.3%
	1000~1499 元	15.6%	18.1%	14.2%	6.1%	8.4%	6.1%
	1500~1999 元	10.9%	14.6%	12.7%	6.0%	9.3%	7.1%
	2000~2499 元	14.2%	9.2%	10.8%	9.8%	7.4%	7.7%
	2500~2999 元	11.2%	9.7%	9.7%	9.5%	9.6%	8.8%
	3000~3999 元	15.4%	11.2%	11.1%	16.5%	14.0%	12.2%
	4000~4999 元	8.3%	5.2%	7.3%	11.5%	8.6%	10.6%
	5000~5999 元	3.6%	3.6%	5.1%	6.1%	7.3%	9.1%
	6000 元及以上	10.0%	8.5%	10.9%	31.7%	29.9%	34.1%

注：1 英寸约为 2.54 厘米。

重点技术：2023 年 Mini LED 电视机规模持续扩张，全年销量达到 92.0 万台，同比大幅增长 142.0%；OLED 电视机市场规模明显收缩，全年销量为 10.6 万台，同比大幅下降 69.3%。

重点尺寸：电视机最明显的产品升级是大尺寸化，2023 年中国市场电视机平均尺寸达到 61.4 英寸，较 2022 年增长了 5.5 英寸。2023 年，电视机市场增长最快的尺寸是 75 英寸，销量市场份额为 19.1%，较 2022 年增长了 7.3 个百分点；其次，80 英寸以上超大尺寸电视机的消费意愿继续增强，其中，85 英寸电视机销量市场份额为 6.0%，较 2022 年增长了 3.9 个百分点，98 英寸电视机销量市场份额达到 0.4%，较 2022 年增长 0.1 个百分点。

从销售额来看，2023 年，销售额市场份额增长最快的是 85 英寸电视机，较 2022 年增长了 7.5 个百分点，达到 14.6%；其次是 75 英寸电视机，较 2022 年增长了 7.0 个百分点，达到 29.1%，所占销售额市场份额最大。

1. 2023 年电视代工行业统计概况

2023 年，电视代工市场的表现与电视面板的价格走势高度一致。2 月面板价格启动涨势，持续到 9 月基本结束；而电视代工市场也同步从 2 月起出货量同比持续增长，直到 9 月由增转降。10 月，电视面板和电视代工市场双双续降，旺盛周期宣告结束。

在全球电视终端市场下滑的大背景下，2023 年全球电视代工市场上涨的重要原因之一是，面板行情影响了电视品牌企业的代工策略和订单节奏，品牌商更倾向于通过委托代工和积极出货来转嫁成本风险。2023 年，全球电视委托加工比例为 52.6%，比 2022 年上升了 3.5 个百分点。

2023 年全年，全球电视代工市场整体（含长虹、创维、康佳、海信四家自有工厂）出货量达 10578.8 万台，同比 2022 年增长 5.5%。这是继 2022 年增长 3.1% 之后的再一次上涨。

2021—2023 年电视代工市场统计数据如表 2.4 所示。

表 2.4　2021—2023 年电视代工市场统计数据

类　　别	类别明细	出货量（万台）		
		2021 年	2022 年	2023 年
行业整体		9724.5	10025.3	10578.8
内外销出货	内销出货	1873.1	1565.7	1401.6
	外销出货	7851.4	8459.6	9177.3
区域	北美	2283.6	2068.6	2359.0
	亚洲（不含中国）	1766.9	1959.7	2071.0
	东欧	1378.2	1506.6	1630.1

第 2 章 中国电子视像行业消费级终端运行概况

（续表）

类　别	类别明细	出货量（万台）		
		2021 年	2022 年	2023 年
区域	中国	1897.4	1574.8	1432.7
	中东非	964.4	1147.3	1242.6
	拉美	828.7	1115.7	1211.1
	西欧	522.3	547.8	489.1
	澳大利亚	83.1	104.8	143.2
尺寸结构	32 英寸	2324.1	2914.0	3364.3
	40 英寸	553.5	588.7	619.6
	43 英寸	1654.2	1835.5	2081.9
	50 英寸	873.0	788.5	792.0
	55 英寸	1592.2	1459.3	1488.4
	58 英寸	158.4	120.6	118.6
	60 英寸	76.0	63.5	37.8
	65 英寸	1171.7	1009.9	965.0
	70 英寸	296.1	175.8	173.1
	75 英寸	290.4	313.3	230.7
	其他	734.8	756.4	707.4

2．2023 年电视出口行业统计概况

我国是全球液晶电视第一生产大国，液晶电视已成为国内电视机的主流产品，液晶电视消费的增长主要来自消费升级、电视机的更新换代、商业领域应用及出口市场的需要。2023 年全年，液晶电视出口量比 2022 年增长 7.5%，达到 9886.8 万台；出口额为 964.2 亿元，同比增长 16.7%，出口均价为 975.0 元，同比增长 8.6%；按美元计，出口额约为 137.0 亿美元，同比增长 10.3%。

2021—2023 年中国电视（液晶电视）出口市场统计数据如表 2.5 所示。

表 2.5 2021—2023 年中国电视（液晶电视）出口市场统计数据

类别	类别明细	出口量（万台）			出口额（亿元）		
		2021年	2022年	2023年	2021年	2022年	2023年
行业整体		8360.0	9200.2	9886.8	1023.7	826.4	964.2
区域	北美	2340.8	2175.0	2623.2	322.5	210.6	274.9
	中东非	1463.0	2339.1	2106.0	233.4	186.0	185.2
	亚洲（不含中国）	1855.9	1861.9	1881.6	119.8	109.7	165.0
	东欧	986.5	1145.2	1449.2	144.3	167.5	164.9
	中南美	1011.6	1041.0	1088.8	117.7	93.8	99.8
	西欧	418.0	302.2	405.3	42.0	21.1	34.0
	澳大利亚	192.3	233.0	197.6	30.7	27.5	27.2
	中国（含港澳台）	92.0	102.8	135.2	13.3	10.2	13.2

2.2.3 2023 年中国移动智慧屏行业统计概况

作为智能电视机和平板电脑的创新演进形态，移动智慧屏是以全场景智慧互联为核心打造的全新大屏品类，也是 AI 和 IoT 等新兴技术推动下的家庭智慧交互终端。

移动智慧屏的普遍定义是：尺寸一般为 24~32 寸（1 寸约为 3.33 厘米），融合了音视频、健身、教育、游戏、KTV 等更多交互模式和使用场景的屏幕终端，可遥控、可触控，有可移动支架、高清屏幕和摄像头，内置大容量电池，无须连接电源线即可使用；无论是在客厅、卧室、阳台还是在户外，都可以通过大屏看视频、追剧和互动娱乐。

2023 年为中国移动智慧屏市场发展元年，电视机厂商、显示器制造商、广告机制造商和新兴互联网智能硬件厂商快速布局，中国移动智慧屏市场不断发展壮大。2023 年中国移动智慧屏市场销量达到 14.8 万台，销售额为 6.5 亿元。2023 年中国移动智慧屏市场统计数据如表 2.6 所示。

第 2 章　中国电子视像行业消费级终端运行概况

表 2.6　2023 年中国移动智慧屏市场统计数据

类　别	类别明细	销　量 2021 年	销　量 2022 年	销　量 2023 年	销售额 2021 年	销售额 2022 年	销售额 2023 年
渠道结构	线上	—	—	93.9%	—	—	94.8%
	线下	—	—	6.1%	—	—	5.2%
尺寸结构	22 寸			5.6%			2.3%
	24 寸			1.4%			0.8%
	27 寸			74.7%			83.4%
	32 寸			18.3%			13.5%
分辨率	1920 像素×1080 像素			97.1%			96.4%
	2560 像素×1440 像素			0.5%			0.4%
	3840 像素×2160 像素			2.4%			3.2%
摄像头	带摄像头			73.3%			82.2%
	不带摄像头			26.7%			17.8%
电池容量	5000mA·h			45.9%			51.5%
	7000mA·h			26.2%			27.9%
	9500mA·h			11.9%			10.5%
	10000mA·h 以上			16.0%			10.1%
价格段	0～1999 元			4.7%			1.8%
	2000～2999 元			7.2%			4.4%
	3000～3999 元			15.4%			11.8%
	4000～4999 元			40.3%			43.4%
	5000 元及以上			32.4%			38.6%

渠道结构：中国消费者越来越依赖线上购物，作为新兴互联网智能硬件品类，线上市场是移动智慧屏目前的主要渠道，各厂商通过线上渠道迅速打开市场。2023 年，中国移动智慧屏线上市场销量占比达到 93.9%，线下渠道占比仅为 6.1%。

线下市场仍具有较大潜力。作为客单价较高的智能硬件单品，线下实体店的产品体验尤为重要，可以提升品牌的知名度和产品的普及度。另外，线下渠道还能有效起到反哺线上市场的作用，使更多的潜在用户转化为已购用户。

尺寸结构：2023 年，27 寸为中国移动智慧屏的主要产品尺寸，销量占比达到 74.7%，32 寸产品销量市场份额为 18.3%，位列第二。随着市场的不断发展，产品价格逐渐下降，未来中小尺寸产品的发展具备更大潜力。

分辨率：2023 年，中国移动智慧屏市场屏幕分辨率主要为 1920 像素×1080 像素，销量市场份额达到 97.1%；3840 像素×2160 像素超高清分辨率产品销量市场份额为 2.4%，未来 4K 产品将是中国移动智慧屏市场的主要发展方向。

摄像头：2023 年，带摄像头的移动智慧屏产品销量市场份额为 73.3%，销售额份额达到 82.2%，摄像头已逐渐成为移动智慧屏产品的标配功能。摄像头不仅能够用于视频通话，还能用于居家安防，实现老人、小孩、宠物看护的应用场景。

电池容量：2023 年，具有 5000mA·h 电池容量的移动智慧屏产品销量市场份额为 45.9%，占比最大。目前，使用时间过短是移动智慧屏产品的主要痛点之一，未来，电池容量的升级将是产品高质量发展的关键。

价格段：2023 年，中国移动智慧屏市场产品均价为 4392 元，4000~4999 元和 5000 元及以上产品的销量市场份额分别达到 40.3%和 32.4%，成为占比较大的两个价格段。目前，移动智慧屏产品价格仍处于高位，未来，更加亲民的产品价格将是中国移动智慧屏市场发展壮大的关键。

2.2.4　2023 年中国智能投影行业统计概况

智能投影已经成为家中的另一块大屏，凭借尺寸大、视力友好、便携、性价比高等优势受到年轻消费者的青睐。

在经过过去几年突飞猛进的增长之后，中国智能投影市场进入盘整期。

第 2 章　中国电子视像行业消费级终端运行概况

2023 年，中国智能投影市场（不含激光电视）销量为 586.4 万台，同比下降 5.1%；销售额为 103.7 亿元，同比下降 17.2%。疫情带来的宅家红利消退、消费者对收入预期的不确定，是行业规模下滑的主要因素。

2023 年，中国智能投影市场中，国产化程度较高的 1LCD 技术成为市场主流，降低了海外依赖；新品牌依然在进入，在售品牌数量超过 200 个，市场保持较高的活性；渠道发展多样化，直播电商、社交电商和内容平台成为获取信息及交易的重要渠道；高端产品和创新产品涌现，4K、激光、变焦、游戏等智能投影提升用户体验。

2021—2023 年中国智能投影市场统计数据如表 2.7 所示。

表 2.7　2021—2023 年中国智能投影市场统计数据

类　别	类别明细	销量 2021 年	销量 2022 年	销量 2023 年	销售额 2021 年	销售额 2022 年	销售额 2023 年
行业整体		480.3 万台	617.8 万台	586.4 万台	116.1 亿元	125.3 亿元	103.7 亿元
投影技术	DLP	55.6%	37.0%	32.0%	80.5%	70.4%	67.5%
投影技术	1LCD	43.1%	61.2%	66.1%	16.7%	24.8%	27.4%
投影技术	3LCD	1.2%	1.7%	1.9%	2.8%	4.7%	5.1%
投影技术	LCOS	0.1%	0.1%	0.0%	0.0%	0.1%	0.0%
光源技术	LED 灯	96.4%	94.7%	89.3%	91.7%	85.0%	67.8%
光源技术	激光	1.8%	3.4%	8.8%	4.3%	9.9%	26.8%
光源技术	超高压汞灯	1.8%	1.9%	1.9%	4.0%	5.1%	5.4%
亮度	500 流明以下	58.7%	67.1%	69.1%	30.1%	31.4%	30.7%
亮度	500～1000 流明	21.4%	14.7%	11.7%	27.4%	22.5%	18.2%
亮度	1000～1500 流明	6.3%	6.6%	8.7%	9.9%	12.7%	16.6%
亮度	1500～2000 流明	1.9%	0.4%	2.7%	4.1%	0.7%	7.9%
亮度	2000～3000 流明	11.0%	10.6%	7.4%	27.0%	31.1%	25.4%
亮度	3000 流明以上	0.7%	0.6%	0.4%	1.5%	1.6%	1.2%
分辨率	HD	21.2%	16.4%	18.3%	12.2%	9.4%	7.1%
分辨率	FHD	45.4%	46.5%	47.3%	69.6%	72.4%	64.2%

(续表)

类　别	类别明细	销　量			销　售　额		
		2021年	2022年	2023年	2021年	2022年	2023年
分辨率	UHD	1.1%	1.6%	5.2%	4.2%	6.7%	21.1%
	其他	32.3%	35.5%	29.2%	14.0%	11.5%	7.6%
价格段	0～499元	10.9%	23.8%	31.9%	1.8%	4.4%	5.9%
	500～999元	17.2%	20.7%	17.6%	5.4%	8.0%	7.7%
	1000～1999元	24.4%	20.4%	20.5%	15.6%	15.1%	17.2%
	2000～2999元	18.9%	12.1%	12.3%	21.6%	17.0%	18.3%
	3000～3999元	13.9%	10.3%	7.5%	20.2%	18.2%	15.3%
	4000～5999元	12.8%	9.8%	5.6%	29.0%	26.3%	16.2%
	6000元及以上	1.9%	2.9%	4.6%	6.4%	11.0%	19.4%

投影技术：2023年，DLP技术的市场份额继续萎缩，而采用1LCD技术的产品销量占比持续增长至66.1%。原因在于，1LCD是唯一几乎全面实现国产化的技术，供应链的自主配套程度高，使得成本更加可控；终端产品性价比高，能满足现阶段更多年轻消费者的尝鲜需求，但销售额占比也因此而较低，为27.4%。

光源技术：2023年，LED灯仍是主流的光源类型，其具备能耗低、寿命长等特点，可以在较小的体积内实现适宜的亮度，采用LED灯的产品销量占比达到89.3%。激光光源具有亮度高、单色性和方向性好、绿色低碳等优势，在政府、科研机构及企业的大力支持下，技术不断进步，带动终端产品增多且价格下探，相关产品销量占比为8.8%。激光光源主要应用于中高端产品，销售额占比，为26.8%。

亮度：2023年，智能投影产品仍以500流明以下亮度为主，销量占比为69.1%，1LCD品牌和产品不断涌入，该流明产品的销量份额持续增长。DLP主流品牌加大在中端价位的产品布局，带动1000～1500流明和1500～2000流明产品的销量份额有所增长。

第2章　中国电子视像行业消费级终端运行概况

分辨率：2023年，具有FHD分辨率的产品销量占比达到47.3%，主流品牌的重点机型基本已标配FHD。同时，得益于技术的进步、供应链的成熟，以及内容端的支持，UHD产品均价持续下探至7000元左右，带动其市场份额加快渗透，销量和销售额占比分别达到5.2%、21.1%。

价格段：2023年，中国智能投影产品价格的两极化明显。一方面，低端规模仍然很大，1000元以下的产品销量占比达到49.5%；因为市场仍处于普及阶段，年轻消费者选购时以尝鲜的想法为主，首台设备会偏向价格较低的产品。另一方面，高端精品逐步放量，愿意为更好的产品付费，以获得更佳体验的消费者也在增加，6000元及以上价格段的产品销量占比提升至4.6%。

在智能投影中，家用激光投影可以轻松实现100英寸以上的大尺寸画面，给用户带来沉浸式的影院效果，成为提升用户生活品质的解决方案之一。

2023年，中国家用激光投影市场（包含激光电视）销量为60.7万台，同比增长38.6%；销售额为56.7亿元，同比增长12.7%。

中国家用激光投影市场保持连续的增长，原因主要来自三个方面：一是家用激光投影在价格、画质方面性能平衡，成了消费者追求更大尺寸画面和更沉浸式影音娱乐的核心选择；二是光源、镜头、成像芯片等产业链核心部件逐步成熟并实现成本压缩，激光投影在家用市场具备了降价空间；三是激光投影的产品形态和应用场景都有了显著的丰富。

2021—2023年中国家用激光投影市场统计数据如表2.8所示。

表2.8　2021—2023年中国家用激光投影市场统计数据

类　别	类别明细	销量 2021年	销量 2022年	销量 2023年	销售额 2021年	销售额 2022年	销售额 2023年
行业整体		34.4万台	43.8万台	60.7万台	50.6亿元	50.3亿元	56.7亿元
投影技术	DLP	96.0%	92.2%	95.0%	96.8%	92.1%	93.5%

（续表）

类　别	类别明细	销　量 2021年	销　量 2022年	销　量 2023年	销售额 2021年	销售额 2022年	销售额 2023年
投影技术	3LCD	4.0%	7.2%	4.7%	3.2%	6.9%	5.7%
	LCOS	0.0%	0.6%	0.3%	0.0%	1.0%	0.8%
镜头技术	超短焦	80.4%	57.5%	30.7%	90.7%	75.1%	53.4%
	中长焦	19.6%	42.5%	69.3%	9.3%	24.9%	46.6%
光源技术	单色	72.2%	72.5%	45.2%	71.0%	63.5%	44.8%
	双色	0.4%	0.1%	0.1%	1.2%	0.4%	0.3%
	三色	27.4%	27.4%	54.7%	27.8%	36.1%	54.9%
亮度	1000流明以下	—	0.4%	21.3%	—	0.1%	8.1%
	1000~2000流明	11.6%	22.5%	22.0%	4.7%	9.5%	12.8%
	2000~3000流明	55.1%	42.2%	33.8%	47.3%	39.2%	34.3%
	3000~4000流明	24.2%	30.5%	21.5%	31.2%	43.4%	41.1%
	4000流明以上	9.0%	4.4%	1.3%	16.8%	7.8%	3.7%
分辨率	FHD	25.7%	41.2%	49.3%	10.9%	19.6%	24.5%
	UHD	73.7%	58.7%	50.6%	88.0%	78.6%	74.5%
	其他	0.6%	0.2%	0.1%	1.1%	1.8%	1.0%
价格段	0~4999元	11.2%	14.6%	37.5%	3.2%	4.7%	15.3%
	5000~9999元	26.6%	50.4%	41.8%	14.0%	31.1%	35.2%
	10000~14999元	30.8%	14.3%	9.2%	26.7%	16.4%	13.7%
	15000~19999元	11.2%	5.1%	4.0%	14.1%	7.8%	8.0%
	20000~29999元	12.0%	12.5%	4.8%	19.9%	27.6%	13.7%
	30000~49999元	7.4%	2.6%	2.1%	18.1%	8.5%	8.9%
	50000元及以上	0.8%	0.5%	0.6%	4.0%	3.9%	5.2%

投影技术：2023年，家用激光投影市场仍然以DLP技术为主，相关产品销量占比达到95.0%。3LCD技术的主导者爱普生加大在激光光源产品的投入，但应用该技术的品牌较少，产品销量增速低于整体市场，销量占比有所下滑，为4.7%；但销售额占比高于销量占比，为5.7%。

镜头技术：2023年，中长焦和超短焦的销量首次出现反转。中长焦激光

第 2 章　中国电子视像行业消费级终端运行概况

投影的光路设计和生产难度更低，因此成本较低，随着主流品牌加大投入，相关产品销量占比增长至 69.3%。超短焦镜头技术亦有突破，投射比从 0.21 向更短的 0.16/0.18 优化，其销量、销售额占比分别为 30.7%、53.4%。

光源技术：2023 年，三色激光成为企业的选择方向，其拥有更高的亮度和对比度，画质更清晰、明亮，因而不断有品牌加入这一阵营，促使其反超单色激光，成为家用市场的主流技术，相关产品销量占比达到 54.7%。

亮度段：2023 年，2000~3000 流明产品在家用激光投影市场中占比最大，达到 33.8%。1000 流明以下产品销量市场份额大涨，占比达到 21.3%，主要是因为一大批低亮度高性价比的产品面世并快速上量。

分辨率：2023 年，UHD 在家用激光投影市场占据主导地位，相关产品销量市场份额达到 50.6%。由于激光微投产品增多，且多配备 FHD 分辨率，因此带动 FHD 产品的销量占比增长至 49.3%。

价格段：2023 年，万元以下为家用激光投影市场的主销价格段，销量占比达到 79.3%，且份额持续增长；10000~50000 元（不含 50000 元）各价格段销量市场份额均有所下滑；50000 元及以上市场得益于大尺寸激光电视的上市和外资品牌高端产品的降价，相关产品市场销量份额有所上涨。

2.2.5　2023 年中国显示器行业统计概况

显示器是计算机系统的输出设备之一，用于显示计算机生成的图形、文字和其他可视化信息。它充当用户与计算机之间信息交流的界面。

2023 年，中国显示器市场全渠道销量达到 2283.2 万台，同比下降 1.1%；销售额为 257.3 亿元，同比下降 13.9%。电竞产业热潮不断来袭，中国电竞显示器市场在亚运会和其他电竞赛事的带动下，渗透率不断提升，达到 49.0%。

2021—2023 年中国显示器市场统计数据如表 2.9 所示。

表 2.9 2021—2023 年中国显示器市场统计数据

类 别	类别明细	销 量 2021 年	2022 年	2023 年	销 售 额 2021 年	2022 年	2023 年
	行业整体	2507.0 万台	2307.9 万台	2283.2 万台	371.1 亿元	299.0 亿元	257.3 亿元
渠道结构	线上	42.0%	45.6%	46.6%	41.7%	45.2%	46.2%
	线下	58.0%	54.4%	53.4%	58.3%	54.8%	53.8%
细分市场	电竞	33.3%	43.2%	49.0%	42.5%	53.1%	60.6%
	非电竞	66.7%	56.8%	51.0%	57.5%	46.9%	39.4%
分辨率	1920 像素×1080 像素	57.9%	53.1%	51.2%	41.1%	34.4%	30.9%
	2560 像素×1440 像素	24.1%	29.0%	31.7%	30.7%	33.4%	36.5%
	3840 像素×2160 像素	10.0%	10.8%	10.8%	17.4%	22.4%	22.8%
	其他	8.0%	7.1%	6.3%	10.8%	9.8%	9.8%
面板类型	IPS	68.2%	67.6%	74.7%	70.6%	71.6%	74.8%
	VA	27.1%	28.6%	22.3%	25.7%	23.4%	19.4%
	TN	4.6%	3.5%	2.4%	3.5%	3.7%	3.2%
	OLED	0.1%	0.3%	0.6%	0.2%	1.3%	2.6%
	其他	0.0%	0.0%	0.0%	0.0%	0.0%	0.0%
尺寸结构	24 英寸以下	9.0%	9.7%	9.7%	5.5%	5.9%	5.5%
	24 英寸	31.5%	31.5%	32.2%	20.6%	18.6%	18.3%
	24～27 英寸	2.5%	2.0%	3.5%	3.4%	2.9%	4.3%
	27 英寸	44.3%	45.7%	45.0%	50.4%	52.5%	53.0%
	27～32 英寸	3.3%	2.5%	1.6%	4.3%	4.0%	2.6%
	32 英寸	5.6%	5.3%	4.9%	8.0%	8.8%	9.4%
	32 英寸以上	3.8%	3.3%	3.1%	7.8%	7.3%	6.9%
屏幕比例	16∶9	93.4%	94.4%	94.9%	89.8%	91.3%	92.1%
	21∶9	5.0%	4.1%	3.5%	7.8%	6.7%	6.0%
	32∶9	0.1%	0.2%	0.1%	0.7%	0.8%	0.7%
	其他	1.5%	1.3%	1.5%	1.7%	1.2%	1.2%

第2章 中国电子视像行业消费级终端运行概况

（续表）

类别	类别明细	销量 2021年	销量 2022年	销量 2023年	销售额 2021年	销售额 2022年	销售额 2023年
刷新率	60Hz	44.9%	22.0%	18.6%	41.2%	25.6%	21.0%
	75Hz	21.4%	34.1%	27.6%	15.5%	20.1%	15.2%
	100Hz	0.3%	0.6%	4.2%	0.5%	0.5%	2.4%
	144Hz	18.5%	15.0%	11.9%	21.0%	16.7%	13.3%
	165Hz	10.6%	20.2%	23.7%	14.3%	23.0%	23.7%
	180Hz	0.4%	2.4%	6.5%	0.7%	3.4%	8.1%
	240Hz及以上	1.9%	3.7%	4.6%	3.9%	6.6%	9.5%
	其他	2.0%	2.0%	2.9%	2.9%	4.1%	6.8%
屏幕形态	平面	79.9%	84.6%	85.7%	79.1%	84.0%	84.8%
	曲面	20.1%	15.4%	14.3%	20.9%	16.0%	15.2%
价格段	0～499元	11.5%	16.5%	18.7%	2.1%	5.0%	6.5%
	500～999元	27.1%	39.6%	43.2%	19.1%	23.2%	27.7%
	1000～1499元	27.9%	20.1%	17.8%	23.8%	21.2%	19.7%
	1500～1999元	15.3%	12.6%	10.4%	18.3%	18.8%	15.7%
	2000～2499元	8.8%	4.8%	3.7%	13.5%	9.0%	7.3%
	2500～2999元	4.4%	2.2%	1.7%	8.2%	5.6%	4.4%
	3000元及以上	5.0%	4.2%	4.5%	15.0%	17.2%	18.7%

细分市场：电竞入亚已实现，电竞世界杯、电竞入奥等国际赛事也已提上日程。电子竞技全球热潮、国内网吧网咖市场回暖，以及电竞酒店市场迅猛扩张，这些良好的外界氛围助推了电竞显示器品类销量的增长，给整体显示器市场贡献了增量。2023年电竞渗透率为49.0%，较2022年上涨5.8个百分点。

分辨率：高分辨率显示器具有更高的像素密度和更清晰的图像，相关产品销量市场份额呈逐渐增长趋势。2023年，QHD（2560像素×1440像素）显示器的市场占有率提升至31.7%。

面板类型：IPS 面板依旧是显示器市场使用的主流面板。2023 年，采用 IPS 面板的显示器销量占比达到 74.7%，较 2022 年上涨 7.1 个百分点。随着 OLED 技术的发展，其渗透率也在逐渐提升，2023 年，采用 OLED 面板的显示器销量占比为 0.6%，较 2022 年上涨 0.3 个百分点。

尺寸结构：显示器市场的主流尺寸仍是 27 英寸，但其份额呈下降趋势。2023 年，27 英寸显示器销量占比为 45.0%，较 2022 年下降 0.7 个百分点。24 英寸显示器销量占比达 32.2%，较 2022 年上涨 0.7 个百分点。

屏幕比例：屏幕比例结构较稳定。2023 年，"16：9"依旧是市场主流比例，相关产品销量占比为 94.9%，较 2022 年上涨 0.5 个百分点。宽屏市场受成本居高不下、供应链短缺、需求疲乏等因素影响，份额下跌。

刷新率：刷新率结构不断升级，高刷产品成为市场主流趋势。2023 年，165Hz 产品销量市场份额达到 23.7%，较 2022 年上涨 3.5 个百分点，60Hz 和 75Hz 产品的销量市场份额被挤压明显。

屏幕形态：曲面屏在中国显示器市场呈降温态势。曲面屏整体供应情况并未出现明显改善，终端价格仍处于较高水平；加上电竞显卡紧张对于电竞显示器的影响，曲面电竞显示器占比进一步下滑，使得曲面屏市场规模呈现快速收缩态势。曲面屏 2023 年的销量市场份额较 2022 年下降 1.1 个百分点。

价格段：2023 年，显示器市场价格下探明显。其中，1000 元以下价格段占比最高，达到 61.9%，较 2022 年上涨 5.8 个百分点；1000～3000 元（不含 3000 元）的各价格段份额均有不同程度下降；3000 元及以上价格段凭借 OLED、Mini LED 渗透率的提升，销量市场份额基本保持稳定。

第 2 章　中国电子视像行业消费级终端运行概况

2.2.6　2023 年中国智能平板行业统计概况

智能平板作为一种轻巧、便携的移动计算设备，具有多种实用功能。随着产品的不断创新及娱乐、学习等应用领域的拓展，消费者的需求也在持续上涨。

中国智能平板市场规模庞大，是全球最大的市场之一。2023 年中国智能平板市场销量达到 3084.2 万台，同比增长 3.0%；销售额为 915.7 亿元，同比上涨 2.6%。

新品牌的介入、智能学习平板的崛起、电子纸平板彩色化显示技术在 2023 年的发布等诸多利好因素为中国智能平板市场发展提供了动能。

2021—2023 年中国智能平板市场统计数据如表 2.10 所示。

表 2.10　2021—2023 年中国智能平板市场统计数据

类　别	类别明细	销　量			销　售　额		
		2021 年	2022 年	2023 年	2021 年	2022 年	2023 年
行业整体		2846.4 万台	2994.2 万台	3084.2 万台	852.5 亿元	892.6 亿元	915.7 亿元
平板类型	学习平板	334.1 万台	436.7 万台	472.1 万台	82.4 亿元	118.0 亿元	138.5 亿元
	通用平板	2303.9 万台	2355.0 万台	2413.0 万台	703.3 亿元	711.8 亿元	717.7 亿元
	办公平板	117.5 万台	116.2 万台	113.2 万台	53.0 亿元	52.0 亿元	46.0 亿元
	阅读器	90.9 万台	86.4 万台	85.9 万台	13.8 亿元	10.8 亿元	13.5 亿元
屏幕技术	LCD	93.8%	92.9%	92.8%	93.0%	92.5%	91.9%
	OLED	3.0%	3.4%	3.2%	4.2%	4.7%	5.0%
	电子纸	3.2%	3.7%	4.0%	2.9%	2.8%	3.2%
分辨率	2K 以下	7.7%	6.5%	6.5%	3.1%	2.6%	2.7%
	2K	59.1%	57.1%	56%	62.0%	59.8%	56.3%
	2.5K	24.8%	26.0%	20.3%	29.9%	31.3%	26.2%

(续表)

类别	类别明细	销量 2021年	销量 2022年	销量 2023年	销售额 2021年	销售额 2022年	销售额 2023年
分辨率	2.5K以上	0.7%	1.4%	10.3%	1.6%	3.2%	12.3%
	其他	7.7%	9.0%	6.9%	3.4%	3.1%	2.5%
屏幕尺寸	8英寸以下	2.4%	2.6%	4.2%	1.1%	1.2%	2.0%
	8~10英寸	6.5%	5.8%	3.4%	6.8%	6.0%	3.1%
	10~12英寸	74.2%	73.2%	72.9%	72.4%	71.5%	70.1%
	12~14英寸	13.1%	13.4%	16.2%	15.4%	15.8%	19.7%
	14英寸以上	3.8%	5.0%	3.3%	4.4%	5.5%	5.1%
价格段	0~999元	9.3%	9.5%	10.5%	2.3%	1.1%	2.8%
	1000~1999元	24.9%	25.3%	25.0%	13.6%	13.8%	12.9%
	2000~2999元	31.2%	29.6%	25.5%	27.8%	26.5%	21.4%
	3000~3999元	15.8%	15.9%	16.4%	19.4%	19.6%	19.3%
	4000~4999元	7.1%	7.3%	9.2%	11.0%	11.4%	14.1%
	5000~5999元	5.1%	5.5%	6.2%	9.5%	10.3%	11.4%
	6000元及以上	6.6%	6.9%	7.2%	16.5%	17.3%	18.1%

屏幕技术：目前屏幕技术主要以LCD为主，相关产品2023年销量占比为92.8%，较2022年微降0.1个百分点。电子纸和OLED作为新兴技术，相关产品合并市场销量占比为7.2%，电子纸产品得益于在办公和学习领域的应用加快，产品销量占比由2021年的3.2%上涨到2023年的4.0%；OLED产品由于目前均价较高及布局品牌较少，份额有所下降。

分辨率：由于更高分辨率拥有更逼真的画面效果，色彩更加饱满，2023年，国内品牌纷纷布局高分辨率产品，分辨率大于2.5K的产品销量占比得到迅速提升，达到10.3%，较2022年上涨8.9个百分点。

屏幕尺寸：2023年，智能平板尺寸仍以10~12英寸为主，销量市场份额为72.9%。由于产品定位由娱乐设备向生产力方向发展，因此适当地扩大

第 2 章　中国电子视像行业消费级终端运行概况

屏幕尺寸，利于多任务处理、提供更好的展示效果，因此 12～14 英寸产品在 2023 年销量占比达到 16.2%，较 2022 年提升了 2.8 个百分点。

价格段：2023 年，智能平板产品价格段向高低两端化发展，学习平板高端产品的增值及龙头品牌苹果高价位产品降价促销是 3000 元以上中高端价格段占比上涨 3.4 个百分点的主要原因；随着跨界新品牌的不断进入，国内品牌竞争激烈，企业为了抢夺市场份额，推出价格更为亲民的产品，因此 1000 元以下低端产品份额增长 1.0 个百分点。

在智能平板中，学习平板的市场规模快速增长，2023 年中国学习平板市场销量达到 472.1 万台，同比增长 8.1%；销售额为 138.5 亿元，同比增长 17.4%。

2021—2023 年中国学习平板市场统计数据如表 2.11 所示。

表 2.11　2021—2023 年中国学习平板市场统计数据

类　别	类别明细	销　　量			销　售　额		
		2021 年	2022 年	2023 年	2021 年	2022 年	2023 年
行业整体		334.1 万台	436.7 万台	472.1 万台	82.4 亿元	118.0 亿元	138.5 亿元
屏幕技术	LCD	99.2%	98.6%	92.1%	97.9%	95.3%	91.8%
	OLED	0.2%	0.4%	0.1%	0.2%	0.6%	0.1%
	电子纸	0.6%	1.0%	7.8%	1.8%	4.1%	8.0%
分辨率	2K 以下	12.9%	12.5%	11.9%	7.0%	6.9%	3.1%
	2K	60.8%	61.1%	67.0%	75.2%	72.7%	72.3%
	2.5K	2.1%	3.4%	8.4%	4.6%	9.1%	19.4%
	2.5K 以上	0.0%	0.0%	0.2%	0.0%	0.0%	0.4%
	其他	24.2%	23.0%	12.5%	13.1%	11.3%	4.8%
屏幕尺寸	8 英寸以下	1.3%	2.3%	8.3%	0.5%	1.5%	1.5%
	8～10 英寸	14.4%	10.4%	5.4%	9.0%	6.2%	1.4%
	10～12 英寸	52.9%	54.0%	55.4%	44.8%	45.8%	48.4%

(续表)

类　别	类别明细	销　量 2021年	销　量 2022年	销　量 2023年	销售额（亿元）2021年	销售额（亿元）2022年	销售额（亿元）2023年
屏幕尺寸	12～14英寸	19.6%	19.7%	20.5%	26.3%	25.6%	32.6%
	14英寸以上	11.8%	13.6%	10.4%	19.4%	20.9%	16.2%
价格段	0～999元	17.6%	16.7%	17.0%	5.3%	4.5%	3.3%
	1000～1999元	49.9%	46.3%	31.5%	31.6%	26.4%	17.5%
	2000～2999元	8.7%	7.4%	6.8%	9.6%	7.5%	5.8%
	3000～3999元	10.3%	12.0%	14.3%	15.2%	16.1%	17.9%
	4000～4999元	9.1%	11.4%	20.3%	16.5%	18.7%	31.5%
	5000～5999元	1.7%	2.0%	5.5%	3.6%	3.8%	10.1%
	6000元及以上	2.7%	4.2%	4.6%	18.2%	23.1%	13.9%

屏幕技术：2022年之前，LCD产品的销量市场份额占98%以上。2023年，电子纸产品销量市场份额迅速且显著地提升，从2022年的1.0%增长至2023年的7.8%，这主要得益于其类纸性和护眼性迎合了家长对电子教育产品的健康护眼需求。

分辨率：学习平板作为教育显示类产品，越来越高的分辨率是必然趋势。2022年，2K及以上分辨率的产品销量市场份额增长1.6个百分点。市场的竞争推动部分头部企业在2023年开始推出2.5K以上分辨率的产品，目前仍处于增长初期，全年销量占比为0.2%。

屏幕尺寸：学习平板产品普遍以10～12英寸为主，其市场份额已经超过五成。2022年，居家学习需求推动了14英寸以上学习平板的市场份额增长。然而，2023年，随着学生学习场景的多样化，便携性变得更重要，大尺寸产品在2023年的销量市场份额下降3.2个百分点；另外，功能较简单的8英寸以下小尺寸学习平板在2023年发展迅速，销量市场份额较2022年增长6.0个百分点，达到8.3%。

第 2 章 中国电子视像行业消费级终端运行概况

价格段：高端化趋势显著。2023 年，头部品牌对高端市场持续发力，加上家长对电子教育工具的高付费意愿，4000 元以上的产品销量市场份额占比达到 30.4%，较 2022 年上涨 12.8 个百分点。

2.2.7 2023 年中国 XR 设备行业统计概况

全球经济下行、元宇宙热度降温使 XR 设备在 2023 年步入低迷期。从行业内部看，企业过早地祭出价格战，市场魅力迅速减值；此外，更重要的原因在于内容和场景不够丰富，不能充分激发消费者的兴趣，自然也无法形成良性的生态。2023 年，中国 XR 设备（包括 VR 和 AR）的销量为 61.3 万台，同比下降 34.4%；销售额为 19.4 亿元，同比下降 36.2%。

2021—2023 年中国 XR 设备市场统计数据如表 2.12 所示。

表 2.12 2021—2023 年中国 XR 设备市场统计数据

类别	类别明细	销量（万台）			销售额（亿元）		
		2021 年	2022 年	2023 年	2021 年	2022 年	2023 年
行业整体		48.2	93.4	61.3	13.9	30.4	19.4
产品类型	VR 设备	45.0	84.0	41.1	12.7	26.9	13.6
	AR 设备	3.2	9.4	20.2	1.2	3.5	5.8

1. VR 设备

2023 年，中国 VR 设备市场销量为 41.1 万台，同比下降 51.1%；销售额为 13.6 亿元，同比下降 49.4%。

2023 年，国内 VR 设备市场经历了大幅下滑，一方面，在经历了元宇宙热潮后，VR 设备在技术显示、交互方式、内容生态、佩戴舒适性等方面陷入突破瓶颈，短时间无法从实际需求和场景应用上满足消费者；另一方面，当前国内市场品牌集中度过高，头部品牌的战略收缩和新品断代很大程度上影响了 VR 设备市场的整体表现。

2021—2023 年中国 VR 设备市场统计数据如表 2.13 所示。

表 2.13　2021—2023 年中国 VR 设备市场统计数据

类　别	类别明细	销量 2021 年	销量 2022 年	销量 2023 年	销售额 2021 年	销售额 2022 年	销售额 2023 年
行业整体		45.0 万台	84.0 万台	41.1 万台	12.7 亿元	26.9 亿元	13.6 亿元
屏幕类型	Fast LCD	96.7%	96.2%	94.2%	91.9%	90.3%	87.9%
屏幕类型	Micro OLED	0.7%	1.5%	4.0%	1.4%	2.5%	7.6%
屏幕类型	其他	2.6%	2.3%	1.8%	6.7%	7.2%	4.5%
光学方案	Pancake	18.0%	30.0%	77.9%	16.7%	26.8%	71.2%
光学方案	菲涅耳透镜	72.1%	61.7%	16.8%	73.7%	64.8%	19.8%
光学方案	双非球面透镜	9.3%	7.8%	5.1%	8.6%	7.5%	8.8%
光学方案	其他	0.6%	0.5%	0.2%	1.0%	0.9%	0.3%

屏幕类型：VR 设备市场中，Fast LCD 技术的不断进步有效解决了分辨率的纱窗效应，提升了响应速度和刷新率，且拥有较高的量产稳定性和良品率，因此兼具效果与性价比，成了目前大多数 VR 设备的首要选择。随着 Micro OLED 生产技术的不断成熟及国内企业在量产和良品率上的进步，Micro OLED 在头显设备中的销量市场份额有望进一步增加。

光学方案：VR 设备市场中，光学方案沿着"双非球面透镜—菲涅耳透镜—Pancake"的路径发展。此前菲涅耳透镜因低成本和可控的成像质量，成为 VR 设备的主流光学方案。随着消费者对 VR 设备的重量和体积、成像质量、佩戴体验提出更高的要求，采用折叠光路原理的 Pancake 光学方案凭借轻薄优势和优秀的成像质量，以及趋于成熟的量产工艺，成为 VR 设备光学技术的进化方向。2023 年，采用 Pancake 光学方案的产品的销量市场份额达到 77.9%。

第 2 章 中国电子视像行业消费级终端运行概况

2．AR 设备

2023 年，中国 AR 设备市场销量为 20.2 万台，同比上涨 114.9%；销售额为 5.8 亿元，同比增长 65.7%。

目前市场上的主流 AR 眼镜主要可以分为分体式和一体式，分体式不具备独立计算单元，需要与外部设备（如智能手机、平板电脑、个人计算机或专用的计算模块）连接，以获取计算能力和电源。一体式 AR 眼镜则内置了处理器、存储器、传感器和电源等必要组件，具备独立运算能力。Micro OLED 屏幕在分体式 AR 眼镜中的广泛应用和 Birdbath 技术的成熟，使分体式 AR 眼镜成为当下 AR 设备中平衡视听效果、使用体验、成本价格的最优方案，率先在市场中取得良好表现。

2021—2023 年中国 AR 设备市场统计数据如表 2.14 所示。

表 2.14 2021—2023 年中国 AR 设备市场统计数据

类别	类别明细	销量 2021 年	销量 2022 年	销量 2023 年	销售额 2021 年	销售额 2022 年	销售额 2023 年
行业整体		3.2 万台	9.4 万台	20.2 万台	1.2 亿元	3.5 亿元	5.8 亿元
屏幕类型	Fast LCD	74.3%	31.6%	3.1%	78.1%	39.6%	3.2%
屏幕类型	Micro OLED	24.9%	67.8%	91.9%	19.1%	55.9%	89.8%
屏幕类型	Micro LED	—	—	4.6%	—	—	5.1%
屏幕类型	其他	0.8%	0.7%	0.4%	2.8%	4.5%	1.9%
光学方案	Birdbath	94.8%	91.9%	88.5%	92.3%	84.9%	89.3%
光学方案	光波导	2.6%	5.6%	10.6%	4.3%	13.9%	8.5%
光学方案	自由曲面	1.5%	1.7%	0.9%	1.9%	1.1%	2.2%
光学方案	其他	1.1%	0.8%	0.1%	1.5%	0.1%	0.0%

屏幕类型：AR 设备市场中，Micro OLED 已经成为主流。国内企业京东

方、视涯等取得进展，产品增多带动销量市场份额持续上涨至 91.9%。同时，Micro LED 凭借更高的亮度和更低的功耗及材料稳定性，开始渗透。

光学方案：AR 设备市场中，Birdbath 是目前 AR 眼镜产品最常用的模组，它良好地兼顾了显示效果清晰和易于便携、佩戴舒适，并且相较于光波导产品，成本低、良品率高，现阶段易于量产，产品价格区间能被消费者接受，因此采用 Birdbath 方案的 AR 设备产品仍占据市场主要销量市场份额，2023 年达到 88.5%。不过长期来看，AR 设备产品终将朝更轻薄的类眼镜形态方向发展，随着光波导技术的进步与突破，光波导产品的成本有望持续下探，未来将广泛应用于高端 AR 眼镜产品中，而 AR 设备市场将逐步被采用光波导方案的一体式眼镜所主导。

2.2.8　2023 年中国机顶盒行业统计概况

我国广播电视传输业务呈多元化发展态势，有线电视、直播卫星电视、IPTV/OTT TV 是我国主要的电视传输通道，其中直播卫星电视主要分布在农村和有线电视未通达地区。2023 年 8 月，国家广播电视总局联合多部门部署治理电视"套娃"收费，以治理电视"套娃"收费为切入点，对有线电视、IPTV 和 OTT TV 三大体系提出了整改要求，并给出了明确的时间表，通过标本兼治，推动行业标准体系建设，以带给电视用户更好的视听体验，进一步加快高清电视的普及和超高清电视的发展。

2023 年，中国机顶盒销量为 4645.0 万台，相比 2022 年减少了 1122.3 万台，市场增长速度放缓。

2021—2023 年中国机顶盒市场统计数据如表 2.15 所示。

第2章　中国电子视像行业消费级终端运行概况

表2.15　2021—2023年中国机顶盒市场统计数据

类　　别	类别明细	销量（万台） 2021年	销量（万台） 2022年	销量（万台） 2023年
行业整体		7216.0	5767.3	4645.0
传输渠道	IP机顶盒	5636.0	4462.0	3523.5
传输渠道	有线机顶盒	1262.0	1080.0	887.5
传输渠道	直播卫星机顶盒	168.0	154.3	313.3

IP机顶盒：中国IP机顶盒市场主要包括IP机顶盒运营商市场和IP机顶盒零售市场。2023年，中国IP机顶盒市场销量达到3523.5万台；相比2022年，IP机顶盒市场销量下降938.5万台，市场增长有所减缓，主要是因为受市场竞争影响，市场需求度下降，运营商推广大屏业务进度放缓，IP机顶盒市场销量减少。

有线机顶盒：2023年，中国广播电视网络集团有限公司（以下简称中国广电）在网络整合和5G业务发展方面取得不错成果。中国广电加速了省网整合的速度，在各省筹备、注册了新的省分公司。截至2023年年底，国内31个省份设立了省级广电网络公司，近半省份实现了"一省一网"整合，绝大多数县级网络用户已整合到位。"一省一网"的整合对于中国广电未来用户增长至关重要。中国广电继续深入推进"统一建设、统一管理、统一标准、统一品牌"的运营管理体系，形成优质内容的汇聚中心和面向用户的以智能推荐为核心能力的电视新业态，从而提升中国广电自身业务的竞争力，减少用户流失。

2023年，中国有线机顶盒销量为887.5万台，较2022年减少192.5万台，占整体机顶盒销量的19.1%。其中，以4K机顶盒为主。依据清晰度划分，有线机顶盒分为有线标清机顶盒、高清机顶盒和4K机顶盒。2023年，我国4K机顶盒销量为671.2万台，占有线机顶盒总销量的比例达到75.6%；高清机顶盒占比为 24.1%，相比 2022 年下降 0.6 个百分点。

直播卫星机顶盒：直播卫星电视已成为我国主要的广播电视传输通道之一。直播卫星电视由国家广播电视总局广播电视卫星直播管理中心主管，目前已开展直播卫星村村通和户户通两大惠民工程。国家广播电视总局将加速推进高清、4K 超高清电视节目传输覆盖，直播卫星电视已经开始重点推广高清机顶盒普及工作。2023 年，中国直播卫星机顶盒销量有所增长，超过 300 万台，主要是因为国家推进直播卫星机顶盒升级换代，以高清机顶盒逐步替换标清机顶盒，更好地满足用户多样化收视的需求。

在机顶盒中，OTT 盒子伴随客厅影视内容服务的变革而兴起。2010 年，谷歌开发的 Android 操作系统风靡，载有 Android 操作系统的 OTT 盒子逐渐增多，并开始野蛮生长，2011 年 OTT 盒子销量超过 100 万台。此后山寨盒子全面兴起，推动着市场规模快速突破 1000 万台。为了规范市场，国家广播电视总局发布多项政策，确定了 OTT 盒子市场的运营和监管模式。2016 年之后，内容端受政策监管，销售端智能电视、运营商电视盒子和智能投屏工具等多方竞品层出不穷，OTT 盒子生存空间被挤压，规模开始下滑。2023 年，中国 OTT 盒子市场销量达到 313.4 万台，同比下降 27.5%；销售额为 6.5 亿元，同比下降 32.3%。

2021—2023 年中国 OTT 盒子市场统计数据如表 2.16 所示。

表 2.16　2021—2023 年中国 OTT 盒子市场统计数据

类　别	类别明细	销　　量			销　售　额		
		2021 年	2022 年	2023 年	2021 年	2022 年	2023 年
行业整体		483.6万台	432.1万台	313.4万台	11.5 亿元	9.6 亿元	6.5 亿元
清晰度	HD	1.5%	0.1%	0.4%	0.5%	0.04	0.1%
	FUD	16.3%	4.9%	0.3%	12.0%	2.6%	0.2%

第 2 章　中国电子视像行业消费级终端运行概况

（续表）

类　别	类别明细	销　量 2021 年	销　量 2022 年	销　量 2023 年	销　售　额 2021 年	销　售　额 2022 年	销　售　额 2023 年
清晰度	UHD	82.2%	94.9%	98.9%	87.5%	97.2%	98.0%
	其他	0.001%	0.1%	0.4%	0.001%	0.2%	1.7%
芯片核数	四核	92.8%	92.0%	95.7%	85.8%	83.8%	88.7%
	六核	1.3%	1.4%	0.8%	4.3%	4.6%	2.6%
	八核	5.9%	6.5%	3.5%	9.9%	11.5%	8.7%
	其他	0.02%	0.1%	0.02%	0.004%	0.1%	0.01%
语音识别	近场	49.4%	45.1%	41.3%	61.8%	64.9%	66.9%
	远场	0.4%	0.4%	0.2%	1.3%	1.8%	0.7%
	不支持	50.2%	54.5%	58.5%	36.9%	33.3%	32.4%
摄像头	支持	0.4%	0.5%	0.2%	1.3%	2.0%	0.8%
	不支持	99.6%	99.5%	99.8%	98.7%	98.0%	99.2%
价格段	0～99 元	10.5%	30.0%	32.8%	3.7%	11.2%	12.4%
	100～199 元	41.9%	31.8%	33.6%	27.1%	22.0%	24.2%
	200～299 元	29.3%	17.9%	13.6%	33.0%	21.9%	18.2%
	300～399 元	9.3%	11.0%	10.6%	14.0%	17.9%	17.6%
	400～499 元	2.8%	3.2%	4.8%	5.6%	6.8%	10.8%
	500 元及以上	6.2%	6.1%	4.6%	16.6%	20.2%	16.8%

清晰度：2023 年，UHD 的渗透率达到 98.9%，同比增长 4.0 个百分点。国内超高清视频产业 8K 关键技术研发和产业化取得关键突破，技术、产品、服务和应用协调发展的良好格局正在形成，支持 8K 的 OTT 盒子开始出现，销量市场份额为 0.4%。

芯片核数：2023 年，四核产品的渗透率为 95.7%，同比增长 3.7 个百分点。实际上，早在 2014 年就有八核产品推出，但其功耗较大，展现出的性能也无法支撑溢价。因此，目前四核 CPU 芯片依旧是最适配盒子的选择。

语音识别、摄像头：OTT 盒子的功能远不止"看"，还有交互。语音识别技术和摄像头的加入，将 OTT 盒子的功能无限延伸，还可以融入智能家居生态。2023 年，具有近场语音交互功能的 OTT 盒子销量占比为 41.3%，具有远场语音交互功能的占比为 0.2%。搭载摄像头功能的产品销量市场份额同样为 0.2%。远场语音和摄像头目前主要应用于高端产品，渗透率仍较低。

价格段：价格方面，OTT 盒子市场主销价格段为 0~99 元和 100~199 元，其中 0~99 元的市场销量达到 32.8%，涨幅最大，份额同比增加 2.8 个百分点。低价产品的配置接近整体市场平均水平，多为四核、4K、1GB+8GB，性价比较高，因而获得消费者青睐。

2.3 2021—2023 年中国电子视像行业消费级音频终端数据汇总

2021—2023 年中国电子视像行业消费级音频终端数据如表 2.17 所示。

表 2.17 2021—2023 年中国电子视像行业消费级音频终端数据

品 类	销量（万台、万副）			销售额（亿元）		
	2021 年	2022 年	2023 年	2021 年	2022 年	2023 年
行业整体	16495.4	14116.5	14467.4	393.0	341.6	346.2
耳机/耳麦	10082.8	9074.3	9895.2	227.3	205.1	222.2
蓝牙音箱	2674.1	2326.7	2370.3	55.2	51.4	53.7
智能音箱	3653.6	2631.3	2111.2	101.8	75.3	59.0
回音壁	84.9	84.2	90.7	9.4	9.8	11.3

第2章 中国电子视像行业消费级终端运行概况

2.4 2023年中国电子视像行业消费级音频终端运行概述

2.4.1 2023年中国耳机/耳麦行业统计概况

耳机/耳麦作为最畅销的音频终端产品,已经成为人们生活中不可或缺的视听产品之一。2023年,中国耳机/耳麦市场销量达到9895.2万副,同比增长9.0%;销售额为222.2亿元,同比增长8.3%。中国庞大的智能手机用户群体对耳机/耳麦的换新需求和OWS开放式耳机/耳麦的高速增长,持续推动中国耳机/耳麦市场稳定发展。

2021—2023年中国耳机/耳麦市场统计数据如表2.18所示。

表2.18 2021—2023年中国耳机/耳麦市场统计数据

类别	类别明细	销量 2021年	销量 2022年	销量 2023年	销售额 2021年	销售额 2022年	销售额 2023年
渠道结构	线上	81.4%	83.2%	85.8%	77.4%	78.9%	80.9%
	线下	18.6%	16.8%	14.2%	22.6%	21.1%	19.1%
产品类型	有线入耳	12.8%	12.0%	10.6%	6.4%	6.0%	5.6%
	真无线蓝牙	63.8%	65.3%	68.2%	64.3%	66.5%	68.5%
	头戴式	9.4%	8.3%	9.7%	15.1%	14.2%	15.0%
	颈挂式	14.0%	13.4%	11.5%	14.2%	13.3%	10.9%
佩戴方式	头戴	9.4%	8.3%	9.7%	15.1%	14.2%	15.0%
	入耳	79.7%	78.2%	72.9%	76.2%	74.8%	69.1%
	不入耳	10.9%	13.5%	17.4%	8.7%	11.0%	15.9%
运动耳机	运动耳机	50.2%	49.8%	51.6%	49.6%	48.8%	51.2%
	非运动耳机	49.8%	50.2%	48.4%	50.4%	51.2%	48.8%
游戏耳机	游戏耳机	5.1%	5.5%	6.4%	5.8%	6.2%	6.8%
	非游戏耳机	94.9%	94.5%	93.6%	94.2%	93.8%	93.2%

(续表)

类别	类别明细	销量 2021年	销量 2022年	销量 2023年	销售额 2021年	销售额 2022年	销售额 2023年
骨传导耳机	骨传导耳机	4.4%	4.5%	5.2%	5.2%	5.4%	6.0%
	非骨传导耳机	95.6%	95.5%	94.8%	94.8%	94.6%	94.0%
价格段	0～99元	48.2%	47.4%	46.5%	11.2%	10.1%	9.6%
	100～299元	38.0%	37.8%	38.4%	29.3%	28.9%	29.4%
	300～699元	7.6%	8.2%	7.9%	13.6%	14.2%	13.9%
	700～999元	2.3%	2.8%	2.0%	9.9%	10.5%	8.7%
	1000～1999元	3.5%	3.3%	4.7%	31.5%	31.2%	32.5%
	2000元及以上	0.4%	0.5%	0.5%	4.5%	5.1%	5.9%

渠道结构：由于耳机/耳麦产品客单价较低，所以耳机/耳麦市场主要以线上渠道为主。近年来，随着以抖音为主的新兴电商的崛起，线上渠道占比持续走高，2023年中国耳机/耳麦市场线上渠道销量占比达到85.8%，较2022年增长了2.6个百分点，线上渠道销售额占比达到80.9%，较2022年同期增长2.0个百分点。

产品类型：真无线蓝牙耳机持续增长，受益于挂耳式和夹耳式真无线蓝牙耳机增长的推动，2023年真无线蓝牙耳机销量市场份额达到68.2%，同比增长2.9个百分点，头戴式耳机受中低端头戴式产品增长推动，销量市场份额小幅提升，有线入耳和颈挂式产品份额下降。

佩戴方式：真无线蓝牙耳机发展到第5年，越来越多的消费者认识到长时间佩戴耳机导致的耳道健康问题，随着音频技术的不断发展，挂耳式、夹耳式和悬浮式等不入耳产品不断成熟，受到了消费者的青睐。2023年，不入耳耳机销量市场份额达到17.4%，同比增长3.9个百分点。销售额份额达到15.9%，同比增长4.9个百分点。

运动耳机：随着疫情的结束，消费者对于户外运动和健身的需求开始增

第 2 章　中国电子视像行业消费级终端运行概况

加,运动耳机市场呈现增长趋势。2023 年,运动耳机销量市场份额达到 51.6%,同比增长 1.8 个百分点。

游戏耳机：近年来,宅经济持续火热,电竞赛事的火爆促进了游戏外设的发展,手游玩家的增加也推动了真无线蓝牙游戏耳机市场的增长。2023 年,中国游戏耳机销量市场份额达到 6.4%,同比增长 0.9 个百分点,尽管市场较为小众,但发展前景较为广阔。

骨传导耳机：作为运动耳机和不入耳产品的结合,骨传导耳机上市以来取得了快速发展,深受运动达人的喜爱。2023 年,中国骨传导耳机销量市场份额为 5.2%,同比增长 0.7 个百分点。

价格段：中国耳机/耳麦市场消费升级趋势较为明显,随着人们对生活品质追求的不断提高,百元内低端产品的市场份额持续下降,中高端市场保持增长。2023 年,中国耳机/耳麦市场 1000~1999 元价格段和 2000 元及以上价格段产品的销售额市场份额分别为 32.5% 和 5.9%,分别增长了 1.3 和 0.8 个百分点。

2.4.2　2023 年中国蓝牙音箱行业统计概况

近年来,受到智能音箱产品的冲击,中国蓝牙音箱市场发展陷入了停滞,自 2020 年以来已连续三年呈现下跌趋势。2023 年,中国蓝牙音箱市场销量为 2370.3 万台,同比增长 1.9%;销售额为 53.7 亿元,同比增长 4.5%。随着智能音箱市场的衰退,中国蓝牙音箱市场开始企稳回升,未来市场将保持稳定发展。

2021—2023 年中国蓝牙音箱市场统计数据如表 2.19 所示。

表 2.19 2021—2023 年中国蓝牙音箱市场统计数据

类　　别	类别明细	销量 2021年	销量 2022年	销量 2023年	销售额 2021年	销售额 2022年	销售额 2023年
渠道结构	线上	81.8%	83.6%	84.6%	79.8%	81.8%	82.9%
	线下	18.2%	16.4%	15.4%	20.2%	18.2%	17.1%
产品类型	便携音箱	55.5%	54.8%	55.5%	47.5%	45.8%	47.0%
	桌面音箱	5.5%	6.2%	7.0%	27.2%	29.9%	30.8%
	电脑音箱	28.4%	27.6%	26.5%	18.3%	17.0%	15.6%
	其他	10.6%	11.4%	11.0%	7.0%	7.3%	6.6%
续航时间	10 小时及以上	35.8%	36.2%	38.5%	36.0%	36.5%	38.8%
	10 小时以下	64.2%	63.8%	61.5%	64.0%	63.5%	61.2%
RGB 灯效	RGB 灯光	18.3%	20.7%	23.4%	20.2%	22.5%	24.8%
	无	81.7%	79.3%	76.6%	79.8%	77.5%	75.2%
K 歌功能	麦克风	12.0%	14.3%	16.8%	14.1%	16.5%	18.4%
	无	88.0%	85.7%	83.2%	85.9%	83.5%	81.6%
防水防尘	IPX 防水防尘	14.9%	16.5%	18.1%	15.3%	16.9%	18.6%
	无	85.1%	83.5%	81.9%	84.7%	83.1%	81.4%
价格段	0~199 元	75.2%	73.8%	72.6%	25.8%	22.8%	20.6%
	200~499 元	13.6%	14.8%	13.3%	17.2%	18.0%	15.2%
	500~999 元	4.3%	3.6%	4.6%	11.1%	9.2%	10.2%
	1000~1999 元	4.1%	3.5%	3.3%	23.9%	22.4%	21.9%
	2000~2999 元	2.0%	3.1%	4.4%	10.0%	12.8%	14.9%
	3000 元及以上	0.8%	1.2%	1.8%	12.0%	14.8%	17.2%

渠道结构：与耳机/耳麦市场类似，中国蓝牙音箱仍以线上渠道为主，随着抖音、拼多多、快手等社交电商和直播电商的兴起，近年来线上市场占比不断提升。2023 年，中国蓝牙音箱市场线上渠道销量占比达到 84.6%，较 2022 年增长了 1.0 个百分点；销售额占比达到 82.9%，较 2022 年同期增长了 1.1 个百分点。

第 2 章 中国电子视像行业消费级终端运行概况

产品类型：便携音箱和桌面音箱持续增长，2023 年，便携音箱和桌面音箱市场销售额占比分别达到了 47.0%和 30.8%，同比分别增长了 1.2 和 0.9 个百分点。便携音箱占比增加是由于户外使用场景的复苏；外观设计新颖的家居式音箱产品推动桌面音箱市场增长。

续航时间：续航时间是便携蓝牙音箱产品的重要参数指标，消费者更青睐使用续航时间更持久的产品。2023 年，续航时间大于或等于 10 小时的产品市场销量占比为 38.5%，同比增长 2.3 个百分点。

RGB 灯效：近年来，越来越多的蓝牙音箱加入了 RGB 灯效，绚丽的彩色灯光效果吸引了年轻消费者的喜爱。2023 年，带有 RGB 灯效的产品的市场销量占比为 23.4%，同比增长 2.7 个百分点。

K 歌功能：带有 K 歌功能的产品深受老年人和青少年消费者的喜爱，蓝牙音箱厂商通过绑定麦克风产品组合销售。2023 年，通过绑定麦克风销售的产品市场销量占比为 16.8%，同比增长 2.5 个百分点。

防水防尘：露营成了 2023 年人们热衷的出行游玩项目之一，植入露营元素的蓝牙音箱持续增加，防水防尘则是户外音箱的重要指标。2023 年，带有 IPX 防水防尘功能的产品市场销量占比为 18.1%，同比增长 1.6 个百分点。

价格段：中国蓝牙音箱市场具有明显的消费升级趋势，低端市场逐渐萎缩，更加新颖的桌面音箱和功能齐全的大体积户外音箱推动中高端市场不断增长。2023 年，中国蓝牙音箱市场 2000～2999 元和 3000 元及以上两个价格段产品的销售额市场份额分别达到 14.9%和 17.2%，同比分别增加 2.1 和 2.4 个百分点。

2.4.3 2023年中国智能音箱行业统计概况

自2020年以来,中国智能音箱市场发展势头有所减弱,由于产品缺乏创新,同质化严重,用户体验欠佳等,近年来,智能音箱市场呈现连续下降趋势,在巨头垄断的市场下,品牌与型号数量不断减少。2023年,中国智能音箱市场销量为2111.2万台,同比下降19.8%;销售额为59.0亿元,同比下降21.6%。

2021—2023年中国智能音箱市场统计数据如表2.20所示。

表2.20 2021—2023年中国智能音箱市场统计数据

类别	类别明细	销量 2021年	销量 2022年	销量 2023年	销售额 2021年	销售额 2022年	销售额 2023年
渠道结构	线上	52.6%	51.4%	51.2%	51.0%	50.5%	50.2%
	线下	47.4%	48.6%	48.8%	49.0%	49.5%	49.8%
麦克风数量	2个	56.9%	57.3%	53.2%	49.2%	51.6%	45.5%
	3个	8.1%	9.3%	11.0%	9.4%	11.3%	12.3%
	4个	18.9%	16.6%	18.1%	21.9%	17.7%	22.8%
	6个	16.1%	16.8%	17.7%	19.5%	19.4%	19.4%
产品类型	不带屏	76.6%	77.7%	79.4%	54.5%	56.2%	59.0%
	带屏	23.4%	22.3%	20.6%	45.5%	43.8%	41.0%
屏幕尺寸	6寸以下	24.5%	20.8%	15.5%	10.8%	9.6%	6.9%
	7寸	24.6%	26.3%	27.3%	19.2%	17.7%	16.6%
	8寸	36.7%	35.0%	38.8%	41.7%	37.8%	40.3%
	10寸以上	14.2%	17.9%	18.4%	28.3%	34.9%	36.2%
分辨率	800像素×480像素	15.0%	11.7%	13.3%	5.9%	5.0%	5.5%
	960像素×480像素	9.5%	9.1%	2.2%	4.9%	4.6%	1.4%
	1024像素×600像素	24.6%	26.3%	27.3%	19.2%	17.7%	16.6%
	1280像素×800像素	50.9%	52.3%	54.8%	69.7%	69.6%	65.8%
	1920像素×1080像素以上	0.0%	0.6%	2.4%	0.3%	3.1%	10.7%

第 2 章　中国电子视像行业消费级终端运行概况

（续表）

类　别	类别明细	销　量 2021年	2022年	2023年	销售额 2021年	2022年	2023年
摄像头	不带摄像头	16.4%	13.8%	13.5%	7.9%	6.7%	6.1%
	带摄像头	83.6%	86.2%	86.5%	92.1%	93.3%	93.9%
电池	不带电池	96.4%	95.1%	96.1%	90.5%	84.8%	87.5%
	带电池	3.6%	4.9%	3.9%	9.5%	15.2%	12.5%
价格段	0~99元	17.8%	15.3%	19.5%	6.3%	5.4%	7.1%
	100~199元	43.5%	44.0%	41.3%	24.0%	22.3%	21.4%
	200~299元	15.8%	17.0%	18.5%	15.6%	16.1%	18.0%
	300~399元	8.1%	8.7%	5.7%	11.6%	11.6%	7.5%
	400~599元	7.1%	7.1%	6.6%	14.5%	14.0%	13.1%
	600~999元	5.2%	5.6%	6.5%	14.4%	16.3%	19.1%
	1000元及以上	2.5%	2.3%	1.9%	13.6%	14.3%	13.8%

渠道结构：不同于耳机/耳麦与蓝牙音箱，智能音箱线下市场占据一定的市场份额且保持稳定，线下市场主要由运营商、品牌门店综合数码店和家电连锁店等渠道构成。2023年，中国智能音箱线下市场销量占比为48.8%，同比增长0.2个百分点；销售额占比达到49.8%，较2022年同期增长了0.3个百分点。

麦克风数量：智能音箱产品结构持续升级，低配置产品逐渐减少，含2个麦克风的产品市场份额不断减少。2023年，中国智能音箱市场含2个麦克风的智能音箱产品市场销量占比为53.2%，同比下降4.1个百分点。

产品类型：近两年，学习平板和移动智慧屏兴起，带屏智能音箱市场受到了一定冲击，学习场景和观影场景使用体验都相对欠缺的带屏智能音箱发展受到了限制。2023年，中国带屏智能音箱市场销量占比为20.6%，同比下降1.7个百分点；销售额占比为41.0%，较2022年同期下降2.8个百分点。

屏幕尺寸：尽管带屏智能音箱占比持续下跌，但大屏化趋势依旧显著。

2023 年，中国带屏音箱市场中 8 寸和 10 寸以上屏幕尺寸产品的市场销量份额分别达到 38.8%和 18.4%，同比增长 3.8 个和 0.5 个百分点。

分辨率：伴随着大屏化趋势，高清晰度带屏智能音箱市场持续发展。2023 年，在中国带屏智能音箱市场中，1024 像素×600 像素、1280 像素×800 像素和 1920 像素×1080 像素以上高清屏幕产品市场销量份额分别达到 27.3%、54.8%和 2.4%，同比分别增长 1.0 个、2.5 个和 1.8 个百分点，其中 1920 像素×1080 像素以上分辨率的产品市场销售额份额达到 10.7%，较 2022 年同期增长 7.6 个百分点。

摄像头：由于老人与小孩的看护场景需求增加，因此在中国带屏智能音箱市场中，摄像头功能逐渐成了产品的标配。2023 年，在中国带屏智能音箱市场中，带摄像头的产品市场销量份额达到 86.5%，同比增长 0.3 个百分点。

电池：受限于带屏智能音箱市场的下降趋势，中国智能音箱市场中带电池的便携产品的市场份额开始下降，户外可移动智能音箱使用场景仍待开发。2023 年，中国智能音箱市场中带电池的便携产品市场销量份额为 3.9%，同比下降 1.0 个百分点。

价格段：中国智能音箱仍以低端产品为主，200 元以内产品市场销量占比超过 50%，且中国智能音箱市场高端化进程遇阻。由于中高端带屏智能音箱市场遇冷，1000 元及以上价格段产品的销量市场份额逐年下降。2023 年中国智能音箱 1000 元及以上销售额市场份额为 13.8%，同比下降 0.5 个百分点。

2.4.4　2023 年中国回音壁行业统计概况

电视机越做越薄，机身留给扬声器的空间也越来越小，回音壁作为电视

第 2 章 中国电子视像行业消费级终端运行概况

产品音质上的补充与提升应运而生，并自 2013 年进入中国市场以来快速发展，迅速获得了消费者的青睐。但近年来，中国回音壁市场的热度有所降低。新增用户的减少和需求的下降使回音壁市场早早进入了存量替换时代。受低端产品进入抖音等新兴电商的推动，2023 年中国回音壁市场销量为 90.7 万台，同比增长 7.7%；销售额为 11.3 亿元，同比增长 15.3%。但中国回音壁市场仍属于小众市场，家庭使用渗透率不足 1%。

2021—2023 年中国回音壁市场统计数据如表 2.21 所示。

表 2.21 2021—2023 年中国回音壁市场统计数据

类 别	类别明细	销量 2021 年	销量 2022 年	销量 2023 年	销售额 2021 年	销售额 2022 年	销售额 2023 年
渠道结构	线上	86.5%	88.9%	89.6%	80.2%	81.6%	82.4%
	线下	13.5%	11.1%	10.4%	19.8%	18.4%	17.6%
产品类型	单一条形音箱	59.7%	60.4%	61.5%	39.4%	38.8%	40.2%
	条形音箱+低音炮	30.3%	28.7%	27.2%	28.2%	26.1%	24.4%
	条形音箱+低音炮+后置环绕	9.1%	9.9%	10.4%	30.6%	32.9%	33.3%
	5.1 组合式	0.9%	1.0%	0.9%	1.8%	2.2%	2.1%
音频解码	无杜比	68.0%	67.6%	65.8%	28.7%	26.4%	24.5%
	杜比数字	14.5%	12.5%	8.6%	18.0%	15.9%	12.0%
	杜比数字+DTS	8.8%	7.6%	4.3%	8.4%	7.1%	4.8%
	杜比全景声	8.7%	12.3%	21.3%	44.9%	50.6%	58.7%
KTV	K 歌功能	15.8%	17.6%	20.0%	15.1%	16.8%	19.1%
	无	84.2%	82.4%	80.0%	84.9%	83.2%	80.9%
产品长度	0～800mm	37.6%	36.0%	34.3%	35.2%	33.7%	32.0%
	800～1000mm	49.6%	49.0%	48.5%	49.0%	48.5%	48.1%
	1000～1200mm	10.3%	11.8%	13.2%	12.8%	14.2%	15.5%
	1200mm 以上	2.5%	3.2%	4.0%	3.0%	3.6%	4.4%
价格段	0～999 元	62.8%	61.2%	59.4%	20.3%	17.2%	13.6%
	1000～1999 元	20.7%	20.0%	18.3%	22.0%	20.8%	17.6%

(续表)

类别	类别明细	销量 2021年	销量 2022年	销量 2023年	销售额 2021年	销售额 2022年	销售额 2023年
价格段	2000~2999元	6.6%	6.4%	7.6%	10.6%	10.5%	11.8%
	3000~4999元	5.4%	5.3%	6.9%	17.6%	16.0%	18.1%
	5000~7999元	3.5%	4.6%	5.4%	13.5%	18.4%	22.5%
	8000元及以上	2.0%	2.5%	2.4%	16.0%	17.1%	16.4%

渠道结构：由于回音壁产品进入中国市场较晚，进入时中国主流电商体系已经成熟，尽管回音壁产品客单价较高，但仍以线上市场为主。2023年，中国回音壁线上市场销量占比为89.6%，同比增长0.7个百分点；销售额占比为82.4%，较2022年同期增长0.8个百分点。

产品类型：单一条形音箱产品市场份额保持稳定，条形音箱+低音炮+后置环绕的组合式产品抢占条形音箱+低音炮产品的市场份额，近年来保持增长趋势。2023年，中国回音壁市场条形音箱+低音炮+后置环绕的组合式产品市场销售额份额达到33.3%，同比增长0.4个百分点。

音频解码：随着杜比全景声技术的不断发展及价格下沉，越来越多的回音壁产品引入了杜比全景声音频解码技术，环绕天空声道极大地提升了用户的观影体验，解决了回音壁产品相较传统家庭影院产品音质欠佳的痛点。2023年，中国回音壁市场带有杜比全景声的产品市场销售额份额达到58.7%，同比增长8.1个百分点。

KTV：随着家庭K歌场景的兴起，越来越多的厂商为回音壁产品配备了麦克风和K歌功能，增加了回音壁产品的可玩性。2023年，中国回音壁市场带K歌功能的产品市场销量份额为20.0%，同比增长2.4个百分点。

产品长度：随着电视机尺寸的不断增加，回音壁厂商不断增加产品长度来适配更大尺寸的电视机。2023年，中国回音壁市场长度为1000~1200mm

第 2 章 中国电子视像行业消费级终端运行概况

和 1200mm 以上产品的市场销量份额分别达到 13.2%和 4.0%，同比增长 1.4 个和 0.8 个百分点。

价格段：中高端杜比全景声产品和组合式产品的畅销推动中国回音壁市场中高端价格段产品市场保持增长。2023 年，中国回音壁市场 5000～7999 元价格段产品市场销售额份额达到 22.5%，同比增长 4.1 个百分点。但 8000 元及以上价格段产品由于降价的影响，市场份额有所下降。

2.5 2021—2023 年中国电子视像行业消费级安防终端数据汇总

2021—2023 年中国电子视像行业消费级安防终端数据如表 2.22 所示。

表 2.22 2021—2023 年中国电子视像行业消费级安防终端数据

品类	销量（万台、万套）			销售额（亿元）		
	2021 年	2022 年	2023 年	2021 年	2022 年	2023 年
行业整体	6002.7	6580.3	7140.4	221.4	240.3	241.3
智能门锁	1695.3	1760.2	1801.5	130.7	143.2	128.6
监控摄像头	4307.4	4820.1	5338.9	90.7	97.1	112.7

2.6 2023 年中国电子视像行业消费级安防终端运行概述

2.6.1 2023 年中国智能门锁行业统计概况

智能门锁是智能安防部分的核心产品，在智能家居系统的场景化方案中，既是起点又是终点。智能门锁产品逐渐标准化、智能化、消费电子化。2023年，中国智能门锁市场的全渠道销量为1801.5万套，同比增长2.3%；销售额达到128.6亿元，同比下降10.2%。

2021—2023年中国智能门锁市场统计数据如表2.23所示。

表2.23 2021—2023年中国智能门锁市场统计数据

类别	类别明细	销量 2021年	销量 2022年	销量 2023年	销售额 2021年	销售额 2022年	销售额 2023年
	行业整体	1695.3万套	1760.2万套	1801.5万套	130.7亿元	143.2亿元	128.6亿元
渠道结构	B端	56.7%	54.0%	50.0%	36.6%	29.1%	26.2%
渠道结构	C端	41.8%	42.5%	42.6%	62.3%	68.6%	68.9%
渠道结构	运营商	1.5%	3.5%	7.4%	1.1%	2.3%	4.9%
人脸识别	支持	4.8%	9.8%	17.7%	9.0%	17.0%	27.7%
人脸识别	不支持	95.2%	90.2%	82.3%	91.0%	83.0%	72.3%
智能猫眼	支持	25.7%	34.8%	40.2%	34.2%	50.7%	57.9%
智能猫眼	不支持	74.3%	65.2%	59.8%	65.8%	49.3%	42.1%
室内大屏	支持	10.8%	18.5%	29.1%	11.2%	24.3%	39.3%
室内大屏	不支持	89.2%	81.5%	70.9%	88.8%	75.7%	60.7%
价格段	0～499元	7.1%	11.2%	18.5%	1.9%	3.2%	5.7%
价格段	500～999元	33.1%	35.8%	39.6%	18.8%	21.3%	26.1%
价格段	1000～1499元	21.8%	20.6%	17.6%	20.0%	20.3%	19.6%
价格段	1500～1999元	19.4%	13.9%	11.4%	24.3%	18.7%	17.6%
价格段	2000～2499元	11.5%	12.2%	6.4%	18.8%	21.0%	12.6%
价格段	2500～2999元	4.2%	3.7%	3.9%	8.4%	8.0%	9.4%
价格段	3000～3499元	1.9%	1.7%	1.0%	4.5%	4.5%	3.0%
价格段	3500～3999元	0.5%	0.8%	1.3%	1.5%	2.4%	4.3%
价格段	4000元及以上	0.5%	0.1%	0.3%	1.8%	0.6%	1.7%

渠道结构：受房地产行业调控及疫情影响，B端市场整体表现下行，市

第 2 章　中国电子视像行业消费级终端运行概况

场占比为 50.0%；C 端市场开始崛起，占比为 42.6%，其中增量主要来自 C 端市场。近年来，中国运营商在智能家居领域逐渐加大投入，作为代表性的产品，智能门锁的销量快速增长，运营商的销量占比为 7.4%。

人脸识别：随着通信技术和生物识别技术两大核心技术的不断进步，陆续出现了生物识别类解锁方式，为用户提供了更智能、更便利、更安全的解锁体验。目前，生物特征识别技术包括指纹识别、面部识别、静脉识别和虹膜识别。2023 年，支持人脸识别的智能门锁成为行业关注的焦点之一，市场需求大增。中国智能门锁市场支持人脸识别的智能门锁的销量市场份额从 2021 年的 4.8%增至 2023 年的 17.7%，较 2022 年增长 7.9 个百分点。

智能猫眼：2023 年，配备智能猫眼的智能门锁加快发展步伐，逐渐成为行业共识。中国智能门锁市场配备智能猫眼的智能门锁的销量市场份额从 2021 年的 25.7%增至 2023 年的 40.2%，较 2022 年增长 5.4 个百分点。

室内大屏：在产品配置方面，配备室内大屏的智能门锁引来更多关注，室内大屏可以实现 24 小时实时监测，安全系数相对更高，更加适用于有老人、小孩的家庭，符合消费者的购买需求。中国智能门锁市场配备室内大屏的智能门锁的销量市场份额从 2021 年的 10.8%增至 2023 年的 29.1%，较 2022 年增长 10.6 个百分点。

价格段：智能门锁市场价格呈现两极分化。2023 年，1000 元以下、3500 元及以上价格段增长较为明显。1000 元以下为智能门锁线上市场的主流价格段，销量市场份额达到 58.1%，中小品牌为快速抢占市场，主推千元以下产品，再加上企业对促销、直播资源的投入增加，带动该价格段产品销量增长。随着安全意识的增强，消费者更愿意为安全的产品支付更高的价格，因而带动高端市场增长，其中 3500 元及以上价格段产品销量增长较为明显。

2.6.2 2023年中国监控摄像头行业统计概况

监控摄像头在中国消费级市场的需求持续激发，主要原因是社会居民安全意识加强，对于安防产品的认知度提升，以及品牌商积极完善智能家庭安防体系。

2023年，随着办公室、出差、旅游等家庭外场景增多，消费者对家庭房间的安全监控，以及对老人、小孩、宠物的智能监控诉求推动了监控摄像头市场规模向上增长。

2023年，中国监控摄像头市场销量达到5338.9万台，同比增长10.8%；销售额为112.7亿元，同比增长16.1%。

2021—2023年中国监控摄像头市场统计数据如表2.24所示。

表2.24　2021—2023年中国监控摄像头市场统计数据

类　　别	类别明细	销　量 2021年	销　量 2022年	销　量 2023年	销售额 2021年	销售额 2022年	销售额 2023年
行业整体		4307.4万台	4820.1万台	5338.9万台	90.7亿元	97.1亿元	112.7亿元
渠道结构	线上	57.4%	53.1%	50.2%	47.1%	48.5%	50.3%
	线下	42.6%	46.9%	49.8%	52.9%	51.5%	49.7%
产品形态	云台	56.3%	55.4%	53.9%	47.5%	47.0%	48.4%
	球机	26.3%	26.1%	24.3%	30.2%	29.6%	26.4%
	枪球联动机	0.2%	0.6%	9.3%	0.3%	1.0%	9.2%
	枪机	10.2%	10.0%	6.0%	15.5%	14.8%	9.6%
	其他	7.0%	7.9%	6.5%	6.5%	7.6%	6.4%
使用场景	室内	63.3%	62.8%	59.5%	56.7%	53.7%	53.6%
	室外	36.7%	37.2%	40.5%	43.3%	46.3%	46.4%
摄像头数量	单目	99.5%	99.1%	81.8%	98.9%	98.5%	84.1%
	双目和多目	0.5%	0.9%	18.2%	1.1%	1.5%	15.9%

第 2 章　中国电子视像行业消费级终端运行概况

（续表）

类　别	类别明细	销　量 2021年	销　量 2022年	销　量 2023年	销售额 2021年	销售额 2022年	销售额 2023年
单目摄像头像素	200万像素	45.2%	40.7%	22.4%	41.1%	33.0%	20.7%
	300万像素	36.5%	33.7%	32.9%	36.6%	32.1%	28.0%
	400万像素	13.1%	18.8%	26.6%	15.2%	25.0%	31.1%
	500万像素	3.7%	5.1%	14.2%	4.8%	6.7%	15.0%
	其他	1.5%	1.7%	3.9%	2.3%	3.2%	5.2%
价格段	0～99元	13.9%	13.4%	8.7%	4.8%	5.1%	3.0%
	100～149元	20.7%	19.0%	12.6%	11.2%	10.2%	6.9%
	150～199元	23.4%	24.5%	29.4%	18.5%	19.1%	22.0%
	200～249元	13.6%	14.9%	19.6%	13.0%	14.9%	19.0%
	250～299元	10.3%	11.7%	13.2%	12.0%	14.1%	15.6%
	300～499元	12.5%	12.8%	13.1%	19.5%	21.2%	20.8%
	500元及以上	5.6%	3.7%	3.4%	21.0%	15.4%	12.6%

渠道结构：受疫情影响，线下门店、数码商店、商超等渠道的客流量未出现明显恢复，2023 年线下市场销量占比为 49.8%，较 2022 年下降了 2.9 个百分点；受消费者习惯网购、新兴电商崛起、中小品牌增多等众多因素影响，线上渠道销量占比达到 50.2%。

产品形态：云台摄像头仍是消费级监控摄像头市场的主流，球机正在快速兴起。2023 年，云台在摄像头销量中的渗透率为 53.9%，销量市场份额同比下降 1.5 个百分点；其次是球机，销量占比为 24.3%，销量市场份额同比下降 1.8 个百分点；排名第三的是枪球联动机，销量占比为 9.3%，销量市场份额同比增长 8.7 个百分点，室外场景需求增多是其销量市场份额增长的主要原因。

使用场景：2023 年，室外摄像头的销量市场份额达到 40.5%。小米、海雀、360 等传统家用品牌也关注到消费者的室外需求，逐渐调整增加室外产品布局。

摄像头数量：2023 年，单目摄像头为主流，销量市场份额达到 81.8%；双目和多目产品的渗透率不断提升，合计销量市场份额达到 18.2%，同比增长 17.3 个百分点，这种类型的产品增加了一个或多个摄像头，可以实现全方位监控，也为产品带来了差异化形态。

单目摄像头像素：产品向更高清方向发展。在单目摄像头市场中，2023 年，以 300 万像素摄像头为主，销量市场份额均为 32.9%；400 万像素、500 万像素产品市场呈正增长，销量市场份额分别达到 26.6%、14.2%，分别增长了 7.8 个和 9.1 个百分点。

价格段：2023 年，150 元以上价格段产品市场整体增长较为明显。其中 150～199 元和 200～249 元两个价格段产品市场增长更为明显，销量市场份额分别为 29.4%、19.6%，同比分别增长了 4.9 个、4.7 个百分点。智能化、高清化、场景化等诉求带动市场结构升级，因而中高端产品销量市场份额呈现正增长。

第3章
中国电子视像行业商用显示终端运行概况

3.1　2021—2023 年中国电子视像行业商用显示终端数据汇总

2021—2023 年中国电子视像行业商用显示终端数据如表 3.1 所示。

表 3.1　2021—2023 年中国电子视像行业商用显示终端数据

类别	类别明细	销量（万平方米、万台）			销售额（亿元）		
		2021 年	2022 年	2023 年	2021 年	2022 年	2023 年
行业整体		1005.4	810.3	806.5	1109.1	672.0	571.0
		77.1	92.9	108.4			
公共信息显示	大屏幕墙	114.9	103.1	96.5	275.3	229.8	213.5
		77.1	92.9	108.4			
	交互平板	202.1	144.0	124.9	491.1	233.4	128.5
	商用投影	124.1	76.5	62.2	187.1	112.1	124.1
	商用电视	448.9	436.4	447.1	91.9	75.1	75.2
	数字标牌	115.4	50.3	75.8	63.7	21.6	29.7

注：整体市场和大屏幕墙的两组销量数据的单位不同，故分别列出。

3.2　2023 年中国电子视像行业商用显示终端运行概述

3.2.1　2023 年中国交互平板行业统计概况

2023 年，中国交互平板行业整体销量为 124.9 万台，同比下降 13.3%；销售额为 128.5 亿元，同比下降 44.9%。

2021—2023 年中国交互平板市场统计数据如表 3.2 所示。

第3章　中国电子视像行业商用显示终端运行概况

表3.2　2021—2023年中国交互平板市场统计数据

类　　别	类别明细	销量（万台）			销售额（亿元）		
		2021年	2022年	2023年	2021年	2022年	2023年
行业整体		202.1	144.0	124.9	491.1	233.4	128.5
场景	教育交互平板	135.7	99.8	90.0	309.7	169.4	83.6
	商用交互平板	66.4	44.2	34.9	181.4	64.0	44.9

1. 教育交互平板

2023年，教育交互平板销量为90.0万台，同比下降9.8%；销售额为83.6亿元，同比下降50.6%。

根据产品技术，教育交互平板分为液晶白板、液晶黑板和投影白板，2021—2023年中国教育交互平板市场统计数据如表3.3所示。

表3.3　2021—2023年中国教育交互平板市场统计数据

类　　别	类别明细	销量（万台）			销售额（亿元）		
		2021年	2022年	2023年	2021年	2022年	2023年
行业整体		135.7	99.8	90	309.7	169.4	83.6
产品形态	液晶白板	91.2	61.2	54.7	150.1	74.7	42.7
	液晶黑板	40.1	37.3	34.7	149.1	91.1	39.8
	投影白板	4.4	1.3	0.6	10.5	3.6	1.1

1）液晶白板

近年来，受到液晶黑板的替代影响，液晶白板的市场占比不断下降，但其凭借成本的可控性及尺寸的灵活性优势，仍是教育市场适用性最广的产品。2023年，液晶白板销量为54.7万台，同比下降10.6%；销售额为42.7亿元，同比下降42.8%。

2021—2023年中国教育交互平板液晶白板市场统计数据如表3.4所示。

表 3.4　2021—2023 年中国教育交互平板液晶白板市场统计数据

类　别	类别明细	销量 2021 年	销量 2022 年	销量 2023 年
尺寸结构	40~59 英寸	3.6%	4.0%	2.3%
	60~69 英寸	19.6%	20.0%	16.9%
	70~80 英寸	28.0%	25.7%	22.3%
	85 英寸以上	48.8%	50.3%	58.5%
触控技术	红外	96.3%	97.1%	98.0%
	电容	3.7%	2.9%	2.0%
区域	东北	8.4%	9.3%	3.2%
	华北	27.9%	24.8%	19.6%
	华东	14.3%	15.9%	24.8%
	华南	39.2%	28.0%	22.2%
	华西	10.2%	22.0%	30.2%
行业	公立义务教育	57.4%	35.3%	38.5%
	职业教育	9.3%	22.8%	19.3%
	公立高中	8.3%	9.0%	15.0%
	高校	7.4%	21.1%	13.5%
	幼教	6.4%	7.6%	8.2%
	私立教育机构	4.8%	1.3%	1.5%
	培训机构	4.7%	0.8%	1.3%
	其他	1.7%	2.1%	2.7%

尺寸结构：2023 年，液晶白板市场仍以 85 英寸以上产品为主，销量达到 32.0 万台，销量占比达到 58.5%，同比上升 8.2 个百分点。

触控技术：液晶白板市场以红外触控技术为主，相关产品销量占比达到 98.0%，同比上升 0.9 个百分点。红外触控技术对于产品尺寸没有限制，且在近年持续的"价格战"中，相较于电容触控技术，成本更低，在市场竞争中更有优势。

第3章 中国电子视像行业商用显示终端运行概况

区域：华西地区销量占比最大，达到 30.2%；其次是华东地区占 24.8%、华南地区占 22.2%。

行业：2023 年，公立义务教育行业依旧为液晶白板市场销量最多的行业，销量为 21.0 万台，占比达到 38.5%；职业教育行业销量为 10.6 万台，占比达到 19.3%，为销量占比排名第二的行业，相较于 2022 年，同比下降 3.5 个百分点。

2）液晶黑板

2023 年，液晶黑板销量为 34.7 万台，同比下降 7.0%；销售额为 39.8 亿元，同比下降 56.3%。液晶黑板市场流通价屡创新低，整体销售额降幅远大于销量降幅。

2021—2023 年中国教育交互平板液晶黑板市场统计数据如表 3.5 所示。

表 3.5　2021—2023 年中国教育交互平板液晶黑板市场统计数据

类　别	类别明细	销　量 2021 年	2022 年	2023 年
尺寸结构	60～69 英寸	0.3%	0.1%	—
	70～80 英寸	11.2%	6.5%	3.6%
	85 英寸以上	88.5%	93.4%	96.4%
触控技术	红外	26.3%	20.7%	42.1%
	电容	73.7%	79.3%	57.9%
区域	东北	6.4%	8.4%	5.7%
	华北	26.7%	25.3%	21.3%
	华东	14.3%	12.6%	23.2%
	华南	31.2%	28.3%	22.3%
	华西	21.4%	25.4%	27.5%
行业	公立义务教育	48.0%	37.6%	38.1%
	公立高中	7.1%	9.4%	30.4%

(续表)

类　别	类别明细	销　量		
		2021年	2022年	2023年
行业	职业教育	22.6%	24.3%	17.0%
	高校	7.2%	23.0%	12.8%
	培训机构	3.2%	0.5%	0.6%
	私立教育机构	6.7%	1.6%	0.4%
	幼教	3.5%	2.5%	0.3%
	其他	1.7%	1.1%	0.4%

尺寸结构：液晶黑板市场以 85 英寸以上产品为主，销量达到 33.5 万台，销量占比达到 96.4%，同比上涨 3.0 个百分点。

触控技术：2023 年，液晶黑板市场以电容触控技术为主，但红外触控产品销量占比已经达到 42.1%；电容触控产品销量占比为 57.9%，同比下降 21.4 个百分点。

区域：2023 年，华西地区销量占比最大，达到 27.5%；其次是华东地区（23.2%）、华南地区（22.3%）。

行业：2023 年，公立义务教育行业的液晶黑板销量约 13.2 万台，占比为 38.1%，排名第一；公立高中行业销量约 10.6 万台，占比为 30.4%，排名第二；职业教育行业销量约 5.9 万台，占比为 17.0%，相较于 2022 年，同比下降了 7.3 个百分点。

3）投影白板

因受液晶白板和液晶黑板的挤压，教学对投影白板的需求逐渐减少，厂商不断将重心移出这个领域。2023 年，投影白板销量为 0.6 万台，同比下降 53.8%；销售额为 1.1 亿元，同比下降 69.4%。

第 3 章 中国电子视像行业商用显示终端运行概况

2021—2023 年中国教育交互平板投影白板市场统计数据如表 3.6 所示。

表 3.6 2021—2023 年中国教育交互平板投影白板市场统计数据

类　　别	类别明细	销　　量		
		2021 年	2022 年	2023 年
尺寸结构	80~83 英寸	2.9%	0.7%	9.0%
	84~89 英寸	16.3%	3.6%	5.5%
	90~99 英寸	49.8%	39.1%	27.1%
	100~109 英寸	24.9%	36.4%	45.6%
	110 英寸以上	6.1%	20.2%	12.8%
区域	东北	11.0%	8.9%	5.1%
	华北	23.6%	23.6%	22.7%
	华东	9.7%	19.4%	23.2%
	华南	38.5%	23.8%	29.4%
	华西	17.2%	24.3%	19.6%
行业	高校	21.9%	47.8%	45.3%
	职业教育	15.8%	30.2%	40.2%
	幼教	5.4%	5.9%	4.9%
	培训机构	8.5%	0.5%	2.8%
	公立高中	4.9%	5.5%	2.2%
	公立义务教育	31.8%	8.8%	1.3%
	私立教育机构	10.1%	1.1%	1.2%
	其他	1.6%	0.2%	2.1%

尺寸结构：投影白板市场以 100~109 英寸产品为主，销量约 0.29 万台，销量占比达到 45.6%，同比上涨 9.2 个百分点。

区域：华南地区销量占比最大，达到 29.4%；其次是华东地区（23.2%）、华北地区（22.7%）。

行业：虽然投影白板受液晶白板和液晶黑板的影响较大，销量逐年降低，但是在高校、职业教育行业的阶梯教室，大尺寸的投影白板相较其他产品的性价比更高，依然有少量出货。高校（45.3%）与职业教育（40.2%）行业的销量占比分别位列第一位、第二位。

2. 商用交互平板

2023 年，中国商用交互平板销量为 34.9 万台，同比下降 21.0%；销售额为 44.9 亿元，同比下降 29.8%。

2021—2023 年中国商用交互平板市场统计数据如表 3.7 所示。

表 3.7　2021—2023 年中国商用交互平板市场统计数据

类　别	类别明细	销　量 2021 年	2022 年	2023 年
尺寸结构	40～59 英寸	9.7%	13.0%	13.1%
	65～69 英寸	39.7%	41.1%	41.4%
	70～79 英寸	24.0%	19.0%	18.3%
	80～84 英寸	0.3%	0.1%	0.2%
	85 英寸以上	26.3%	26.8%	27.0%
触控技术	红外	93.2%	93.8%	95.6%
	电容	5.5%	5.5%	4.0%
	其他	1.3%	0.7%	0.4%
区域	东北	3.3%	1.7%	1.4%
	华北	27.7%	27.5%	19.3%
	华东	32.0%	21.8%	31.4%
	华南	21.6%	31.1%	25.4%
	华西	15.4%	17.9%	22.5%
行业	企业	55.6%	55.7%	55.1%
	医疗	12.9%	12.3%	17.4%
	金融	12.4%	15.5%	14.7%
	政府	11.7%	2.5%	1.3%
	教育	3.1%	12.3%	17.4%
	其他	4.4%	3.5%	1.9%

第 3 章 中国电子视像行业商用显示终端运行概况

尺寸结构：商用交互平板市场以 65～69 英寸产品为主，销量约 14.4 万台，占比达到 41.4%；其次是 85 英寸以上的产品，销量约 9.4 万台，占比达到 27%。

触控技术：商用交互平板市场目前仍以红外触控产品为主，2023 年，红外触控产品销量约 33.4 万台，占比达到 95.6%，同比上升 1.8 个百分点。

区域：华东地区销量占比最大，达到 31.4%；其次是华南地区，占 25.4%，华西地区占 22.5%。

行业：商用交互平板市场份额最大的行业是企业，2023 年，商用交互平板在企业行业的销量约 19.2 万台，占比达到 55.1%；其次是医疗行业，销量约 6.1 万台，占比达到 17.4%，相较于 2022 年，同比上升了 5.1 个百分点，医疗行业协同办公的需求上涨。

3.2.2 2023 年中国数字标牌行业统计概况

2023 年，中国数字标牌行业整体销量为 75.8 万台，同比上升 50.7%；销售额为 29.7 亿元，同比上升 37.5%。

数字标牌市场相对分散，根据应用场景可分为户内产品和户外产品。

2021—2023 年中国数字标牌市场统计数据如表 3.8 所示。

表 3.8 2021—2023 年中国数字标牌市场统计数据

类别	类别明细	销量（万台）			销售额（亿元）		
		2021 年	2022 年	2023 年	2021 年	2022 年	2023 年
行业整体		115.4	50.3	75.8	63.7	21.6	29.7
场景	户内数字标牌	110.1	48.8	73.5	54.2	18.4	25.2
	户外数字标牌	5.3	1.5	2.3	9.5	3.2	4.5

1. 户内数字标牌

2023 年，中国户内数字标牌销量为 73.5 万台，同比上升 50.6%；销售额为 25.2 亿元，同比上升 37.0%。

2021—2023 年中国户内数字标牌市场统计数据如表 3.9 所示。

表 3.9　2021—2023 年中国户内数字标牌市场统计数据

类　别	类别明细	销　量 2021 年	销　量 2022 年	销　量 2023 年	销　售　额 2021 年	销　售　额 2022 年	销　售　额 2023 年
尺寸结构	20 英寸以下	16.4%	14.3%	15.6%	5.0%	7.3%	6.5%
	20～29 英寸	10.6%	18.6%	27.9%	5.0%	7.0%	15.6%
	30～39 英寸	10.5%	10.1%	9.4%	6.1%	7.2%	9.2%
	40～49 英寸	21.1%	22.8%	22.3%	20.1%	22.4%	23.0%
	50～59 英寸	29.5%	23.6%	15.8%	37.6%	35.4%	26.4%
	60～79 英寸	10.8%	9.6%	8.5%	19.9%	17.4%	17.5%
	80 英寸及以上	1.1%	1.0%	0.5%	6.3%	3.3%	1.8%

尺寸结构：2023 年，30 英寸以下产品销量增长最快，同比增长接近 11.0 个百分点，销量市场份额达到 43.5%，主要因为梯媒需求增长，其产品尺寸是 21.5 英寸和 18.5 英寸；40～59 英寸段产品的销量增长次之，销量占比为 38.1%，其中主要以 43 英寸和 55 英寸的产品为主。

2. 户外数字标牌

2023 年，中国户外数字标牌销量为 2.3 万台，同比上升 53.3%；销售额为 4.5 亿元，同比上升 40.6%。

2021—2023 年中国户外数字标牌市场统计数据如表 3.10 所示。

第 3 章　中国电子视像行业商用显示终端运行概况

表 3.10　2021—2023 年中国户外数字标牌市场统计数据

尺寸结构	销量			销售额		
	2021 年	2022 年	2023 年	2021 年	2022 年	2023 年
30~39 英寸	3.0%	3.9%	5.0%	2.3%	5.4%	2.0%
40~49 英寸	21.6%	28.3%	29.3%	12.3%	13.0%	15.8%
50~59 英寸	38.3%	32.8%	28.9%	34.7%	28.4%	28.4%
60~79 英寸	34.7%	29.0%	32.5%	40.9%	32.9%	39.1%
80 英寸及以上	2.4%	6.0%	4.3%	9.8%	20.3%	14.7%

尺寸结构：在户外场景中，数字标牌产品更趋向大尺寸，60~79 英寸产品的销量市场份额最大，达到 32.5%，同比增长 3.5 个百分点，其中以 65 英寸产品为主。

3.2.3　2023 年中国商用投影行业统计概况

2023 年，中国商用投影（不含影院设备）行业整体销量为 62.2 万台，同比下降 18.7%；销售额为 124.1 亿元，同比增长 10.7%。

2021—2023 年中国商用投影市场统计数据如表 3.11 所示。

表 3.11　2021—2023 年中国商用投影市场统计数据

类别	类别明细	销量（万台）			销售额（亿元）		
		2021 年	2022 年	2023 年	2021 年	2022 年	2023 年
行业整体		124.1	76.5	62.2	187.1	112.1	124.1
应用场景	工程投影	15.7	12.7	14.1	82.1	60.9	81.6
	教育投影	47.1	20.8	14.6	60.0	23.5	18.2
	商务投影	61.3	43.0	33.5	45.0	27.7	24.3

1. 工程投影

2023 年，文旅业成了国内经济复苏的重要支柱之一，其也是工程投影的第一大需求市场。在夜间文旅、博物馆陈列等方面，工程激光投影已成为激

· 65 ·

发"光影+"变革的新引擎。

中国工程投影市场在文旅相关项目的带动下已回归正轨,尽管其在整体市场的份额有所下滑,但销量同比上涨 11.0%,销量为 14.1 万台。

2021—2023 年中国工程投影市场统计数据如表 3.12 所示。

表 3.12 2021—2023 年中国工程投影市场统计数据

类别	类别明细	销量 2021 年	销量 2022 年	销量 2023 年
投影技术	DLP	45.9%	42.4%	44.9%
	3LCD	54.1%	57.6%	55.1%
光源技术	LED	—	0.3%	0
	激光	90.9%	85.7%	90.5%
	汞灯	8.8%	14.1%	9.5%
清晰度	XGA	12.6%	8.5%	2.8%
	WXGA	10.4%	9.2%	4.4%
	FHD	15.2%	13.4%	11.7%
	WUXGA	59.3%	64.3%	72.8%
	UHD	1.6%	4.2%	7.2%
	其他	0.9%	0.5%	1.0%
亮度	5000 流明以下	8.1%	5.2%	3.8%
	5000~7000 流明	76.5%	72.0%	65.6%
	7000~10000 流明	11.6%	17.4%	23.2%
	10000 流明以上	3.8%	5.4%	7.4%

投影技术:2023 年,工程投影产品主要采用 3LCD 技术,相关产品销量占比达到 55.1%,但同比下降 2.5 个百分点;采用 DLP 技术的产品销量占比提升至 44.9%。

光源技术:2023 年,工程投影产品中,汞灯光源市场有较大下滑,相关产品销量占比为 9.5%,同比下降 4.6 个百分点;激光光源相关产品销量占比

第 3 章 中国电子视像行业商用显示终端运行概况

增长明显，为 90.5%。

清晰度：2023 年，具有 WUXGA 清晰度的产品是工程投影市场的主流，销量占比达到 72.8%，同比增长 8.5 个百分点；具有 UHD 清晰度的产品发力，销量占比提升至 7.2%。

亮度：2023 年，工程投影产品亮度主要集中在 5000～7000 流明，国内外品牌竞争激烈，在市场上推出体积更轻巧的新品，此流明段销量份额达到 65.6%；同时，不少品牌直接将 10000 流明以上亮度的产品价格拉低到了 8000 流明亮度的产品价格水平上。

2. 教育投影

随着教育信息化和数字化教学设备基本完成普及，教育市场的激光投影需求处于下行通道。在教育细分应用市场内，激光投影在与其他品类的竞争中处于相对弱势，在公立义务教育市场的交互功能不及液晶白板、液晶黑板，在职业教育、高教市场的大屏显示体验不及 LED 直显。

中国教育投影市场销量已连续下滑，2023 年销量为 14.6 万台，较 2022 年下降 29.8%。

2021—2023 年中国教育投影市场统计数据如表 3.13 所示。

表 3.13 2021—2023 年中国教育投影市场统计数据

类别	类别明细	销量 2021 年	销量 2022 年	销量 2023 年
投影技术	DLP	63.4%	54.1%	56.8%
投影技术	3LCD	34.6%	45.9%	43.2%
光源技术	LED	3.0%	7.0%	3.5%
光源技术	激光	31.2%	35.4%	39.9%
光源技术	汞灯	65.8%	57.5%	56.6%

(续表)

类别	类别明细	销量 2021年	销量 2022年	销量 2023年
清晰度	XGA	41.8%	37.5%	35.1%
清晰度	WXGA	31.1%	27.7%	22.8%
清晰度	FHD	18.2%	20.3%	25.0%
清晰度	WUXGA	4.0%	10.5%	12.7%
清晰度	UHD	0.1%	0.3%	1.7%
清晰度	其他	4.8%	3.7%	2.7%
亮度	3000 流明以下	0.5%	0.1%	0.8%
亮度	3000~5000 流明	89.4%	86.6%	81.4%
亮度	5000 流明以上	10.1%	13.4%	17.8%

投影技术：2023 年，教育投影产品主要采用 DLP 技术，相关产品销量占比达到 56.8%，同比增长 2.7 个百分点；采用 3LCD 技术的产品销量占比下降至 43.2%。

光源技术：2023 年，教育投影产品中，汞灯光源仍是市场主流，相关产品销量占比达到 56.6%，同比下降 0.9 个百分点；激光光源相关产品销量占比增长明显，达 39.9%。

清晰度：2023 年，具有 XGA 清晰度的产品占据教育投影市场约三成的份额，销量占比达到 35.1%；教育投影产品清晰度向 FHD、WUXGA 发展，相关产品销量占比分别达到 25.0%和 12.7%。

亮度：2023 年，教育投影产品亮度主要集中在 3000~5000 流明，相关产品销量占比为 81.4%；产品正在往 5000~6000 流明段的高价格方向转移。

3. 商务投影

2023 年，商务投影市场销量达到 33.5 万台，同比下降 22.1%。虽然商务

第3章 中国电子视像行业商用显示终端运行概况

旅行逐步恢复，但商务投影在酒店等市场的恢复力有限。另外，商务投影主要替代市场上的汞灯投影，但 2023 年，市场上的汞灯投影产品大幅减少。此外，各大投影企业针对办公、培训等细分场景，优化了无线投屏、秒速开机等更多实用性的功能。

2023 年，商务激光投影的表现可圈可点，一方面，其凭借"智能、便携"优势与商用电视、会议平板在普通会议室和企业办公，以及与 LED 直显在超大会议室、企业展示场景展开市场竞争；另一方面，几乎所有的商务显示设备，如商用电视、会议平板、LED 直显、汞灯投影，甚至商用的 LED 智能投影等价格都在下探，商务激光投影的质价比就显得尤为重要和突出。

2021—2023 年中国商务投影市场统计数据如表 3.14 所示。

表 3.14　2021—2023 年中国商务投影市场统计数据

类别	类别明细	销量 2021年	2022年	2023年
投影技术	DLP	61.2%	44.6%	54.9%
	3LCD	32.3%	48.1%	36.3%
	1LCD	6.5%	7.4%	8.9%
光源技术	LED	20.7%	29.5%	36.8%
	激光	5.0%	9.7%	18.0%
	汞灯	74.3%	60.8%	45.2%
清晰度	XGA	55.0%	36.2%	26.3%
	WXGA	13.1%	11.4%	12.5%
	FHD	23.0%	38.3%	45.6%
	WUXGA	2.9%	3.5%	5.0%
	其他	6.0%	10.6%	10.6%
亮度	3000 流明以下	23.1%	29.5%	37.3%
	3000~5000 流明	70.9%	67.2%	57.9%
	5000 流明以上	6.0%	3.3%	4.8%

投影技术：2023 年，商务投影产品主要采用 DLP 技术，相关产品销量占比达到 54.9%，同比增长 10.3 个百分点；采用 3LCD 技术的产品销量占比下降至 36.3%；采用 1LCD 技术的产品销量占比增长到 8.9%。

光源技术：2023 年，商务投影产品以汞灯光源为主，相关产品销量占比同比下降 15.6 个百分点至 45.2%；激光光源相关产品销量占比增长明显，达 18.0%；LED 光源相关产品销量占比为 36.8%。

清晰度：2023 年，具有 FHD 清晰度的产品占据商务投影销量市场 45.6%的份额。

亮度：2023 年，商务投影产品亮度主要集中在 3000～5000 流明，销量占比为 57.9%。

3.2.4　2023 年中国商用电视行业统计概况

2021 年，商用电视整体销量为 448.9 万台；2022 年，商用电视整体销量为 436.4 万台；2023 年，商用电视整体销量为 447.1 万台，微涨 2.5%。

2021—2023 年中国商用电视市场统计数据如表 3.15 所示。

表 3.15　2021—2023 年中国商用电视市场统计数据

类　别	类别明细	销　量 2021 年	销　量 2022 年	销　量 2023 年
尺寸结构	32 英寸	18.0%	11.0%	9.0%
	43 英寸	38.0%	33.0%	31.0%
	55 英寸	33.0%	40.0%	40.0%
	65 英寸	6.0%	9.0%	11.0%
	65 英寸以上	5.0%	7.0%	9.0%
应用场景	酒店及地产	33.1%	34.0%	39.5%
	医疗	30.0%	22.0%	20.7%

第 3 章　中国电子视像行业商用显示终端运行概况

（续表）

类　　别	类别明细	销　　量		
		2021 年	2022 年	2023 年
应用场景	零售娱乐	17.9%	19.3%	20.9%
	企业（非会议用途）	9.7%	12.3%	9.3%
	政府（非会议用途）	8.2%	10.2%	5.9%
	交通	0.6%	0.8%	0.5%
	会议场景	0.5%	1.4%	3.2%

尺寸结构：2022 年，电视面板以 55 英寸效率最优，55 英寸产品的市场占比升高，达到 40%，以酒店配套电视机为主要用途，但是同年，线上零售出现瓶颈，各大零售巨头改做线下实体，加速了大尺寸产品在零售市场的推广和使用。2023 年，大尺寸产品的应用进一步拓展，65 英寸以上产品销量突破 40 万台，为 49.2 万台，成为商用显示的重要产品之一。

应用场景：2023 年，商用电视应用场景增多，行业整体销量维持稳定，各场景此消彼长，经济运行的预期逐渐清晰，酒店及地产、零售娱乐的刚性需求仍在，销量份额同比分别增长 5.5 个百分点、1.6 个百分点。另外，会议场景对电视机的需求爆发，该场景的销量与 2022 年同期比增长 134.2%，这主要是因为投屏显示为会议场景的刚需，而企业会选择性价比更高的电视机来满足需求。

3.2.5　2023 年中国大屏幕墙行业统计概况

大屏幕墙是由多个单元体共同拼凑而成的，使用多个显示设备共同显示一个整屏的图像，主要由拼接单元、多屏处理器、信号切换与分配系统、控制系统等部分组成。根据子屏幕单元的成分，其可分为小间距 LED（Narrow Pixel Pitch LED）显示屏、LCD 拼接屏、DLP 拼接屏。

2023 年，中国大屏幕墙销售额为 213.5 亿元，与 2022 年同期比下降

7.1%。其中，小间距 LED 显示屏销售额比重不断提升，占比七成以上，达 72.8%；LCD 拼接屏销售额占比为 23.6%；DLP 拼接屏因维护成本较高，销售额占比仅剩 3.6%。

2021—2023 年中国大屏幕墙市场统计数据如表 3.16 所示。

表 3.16　2021—2023 年中国大屏幕墙市场统计数据

类别	类别明细	销量、销售面积（万台、万平方米）			销售额（亿元）		
		2021 年	2022 年	2023 年	2021 年	2022 年	2023 年
	行业整体	—	—	—	275.3	229.8	213.5
细分产品	小间距 LED 显示屏	77.1	92.9	108.4	176.5	165.5	155.4
	LCD 拼接屏	113.1	101.4	95.4	86.1	52.3	50.4
	DLP 拼接屏	1.8	1.7	1.1	12.7	12.0	7.7

1. 小间距 LED 显示屏

小间距 LED 显示屏，是指像素间距在 2.5mm 及以内的 LED 全彩显示产品，包括模组、拼接屏（固装）和一体机等形态的 LED 显示设备，其应用以专业显示和商业显示为主。目前，随着间距的微缩化和 Mini/Micro LED 的发展，其也逐渐进入家用高端影音领域。

2023 年，中国小间距 LED 显示屏的销售面积为 108.4 万平方米，同比增长 16.7%；销售额为 155.4 亿元，同比下降 6.1%，因为 LED 显示屏的单价持续大幅下降。

2021—2023 年中国小间距 LED 显示屏市场统计数据如表 3.17 所示。

表 3.17　2021—2023 年中国小间距 LED 显示屏市场统计数据

类别	类别明细	销售面积			销售额		
		2021 年	2022 年	2023 年	2021 年	2022 年	2023 年
封装技术	SMD（含 IMD）	99.8%	97.9%	95.2%	91.0%	93.0%	86.8%
	COB	0.2%	2.1%	4.8%	9.0%	7.0%	13.2%

第3章　中国电子视像行业商用显示终端运行概况

（续表）

类别	类别明细	销售面积 2021年	销售面积 2022年	销售面积 2023年	销售额 2021年	销售额 2022年	销售额 2023年
间距段别	2.1～2.5mm	43.2%	45.3%	40.2%	16.2%	15.2%	13.4%
	1.7～2.0mm	29.3%	31.9%	30.9%	25.6%	29.0%	25.6%
	1.5～1.6mm	13.3%	11.5%	16.2%	19.2%	19.4%	21.5%
	1.1～1.4mm	12.9%	9.8%	11.4%	32.7%	27.7%	29.8%
	1.0mm 及以下	1.3%	1.5%	1.3%	6.3%	8.7%	9.7%
应用场景	视频会议	46.0%	52.0%	42.6%	47.4%	53.0%	43.5%
	信息发布	9.1%	10.1%	41.3%	39.1%	30.9%	35.9%
	指挥监控	44.6%	35.6%	12.7%	13.2%	14.7%	18.7%
	商业显示	0.3%	2.3%	3.4%	0.3%	1.4%	1.9%
应用行业	政府部门	32.7%	32.0%	31.3%	36.2%	37.9%	31.4%
	教育	4.6%	4.6%	18.5%	15.3%	12.6%	13.0%
	公检法司	19.6%	15.2%	12.2%	11.5%	6.9%	12.0%
	公共服务	10.6%	6.1%	5.4%	8.8%	10.2%	5.4%
	广电传媒	6.8%	3.2%	5.1%	7.4%	3.8%	5.2%
	交通	8.1%	8.7%	4.9%	4.9%	2.5%	4.5%
	军队	4.8%	2.1%	3.7%	6.1%	2.9%	4.3%
	其他	12.8%	28.1%	18.9%	9.8%	23.2%	24.2%

封装技术：COB 技术整合和简化了封装企业与显示屏制造企业的生产流程，使生产过程更易于组织和管控，并且成本屡有下探，是未来一段时间带动市场增长的主要动能之一，其相关产品销量不断提升。2023 年，小间距 LED 显示屏采用 COB 封装技术的产品的销售面积与 2022 年同期比增长接近 170.0%。

间距段别：2023 年，小间距 LED 显示屏的销售面积主要集中在间距为 2.1～2.5mm 的产品，市场占比为 40.2%。但从销售面积增速变化来看，1.1～1.6mm 间距段的产品增长显著，与 2022 年同期比增长均在 35% 以上，市场对间距为 1.5mm/1.53mm 和 1.2mm/1.25mm 产品的需求旺盛。

应用场景：小间距 LED 显示屏从专用领域走向通用领域，LED 显示屏间距不断微型化且成本下降。在视频会议显示产品中，高清和高性价比不断突出，小间距 LED 显示屏在视频会议方面的应用不断增加，该应用场景的销售面积占比最大，为 42.6%；新冠疫情后期，动态 LED 广告屏比传统静态广告屏更能吸引消费者的目光，拉动消费增长的小间距 LED 显示屏在信息发布方面的应用快速增长，销售面积与 2022 年同期比增长超 30.0 个百分点，占比达 41.3%；小间距 LED 显示屏在传统指挥监控场景的覆盖率较高，终端应用占比不断下降，销售面积占比为 12.7%；商用显示场景的销售面积占比为 3.4%，多用于创意显示、多元化的解决方案。

应用行业：小间距 LED 显示屏主要应用于政府部门，销售面积占比为 31.3%。从销售面积增速看，教育行业增长较快，与 2022 年同期比销售面积增长超 300.0%，份额增长近 14.0 个百分点，主要是因为企业开拓新场景、新应用；另外，还因为教育市场中高校和职业教育学校的智慧大教室建设不断，尤其是沉浸式实训的需求增加。

2. LCD 拼接屏

LCD 拼接屏是指由一块块 LCD 拼接成的一个大屏幕墙。现在主流 LCD 拼接屏的尺寸是 46 寸、49 寸、55 寸，拼缝有 UNB（3.5mm）、TNB（2.5mm）、ENB/eXNB（1.7/1.8mm）、RNB（0.88mm）等。其使用范围特别广泛，主要用于监控指挥、展览展示、商场广告、会议政务等，比小间距 LED 显示屏性价比高，但缺点是显示画面有拼缝。

2023 年，中国 LCD 拼接屏市场销量为 95.4 万台，同比下降 5.9%；销售额为 50.4 亿元，同比下降 3.6%。

第 3 章　中国电子视像行业商用显示终端运行概况

2021—2023 年中国 LCD 拼接屏市场统计数据如表 3.18 所示。

表 3.18　2021—2023 年中国 LCD 拼接屏市场统计数据

类　别	类别明细	销　量 2021 年	2022 年	2023 年
拼缝类型	UNB	82.1%	77.2%	76.6%
	TNB	0.0%	2.1%	2.8%
	ENB/eXNB	10.3%	13.8%	12.3%
	RNB	2.4%	6.8%	7.8%
	其他	5.2%	0.1%	0.5%
尺寸结构	55 寸	49.3%	67.4%	69.7%
	46 寸	36.7%	26.2%	25.4%
	49 寸	13.2%	5.6%	4.4%
	其他	0.8%	0.8%	0.5%
应用场景	指挥监控	60.4%	61.5%	71.7%
	信息发布	19.1%	19.8%	11.5%
	商业显示	12.1%	10.7%	9.4%
	视频会议	8.4%	8.0%	7.4%
应用行业	政府部门	37.1%	34.4%	33.7%
	交通	16.6%	16.7%	18.7%
	商业服务	8.5%	8.7%	7.8%
	能源	6.5%	6.8%	6.9%
	公共服务	4.4%	5.2%	6.4%
	零售	5.0%	6.5%	5.9%
	其他	21.9%	21.7%	20.6%

拼缝类型：LCD 拼接屏市场以 UNB 产品为主。2023 年，UNB 产品销量市场份额达到 76.6%；其次是 ENB/eXNB 产品，销量占比为 12.3%；RNB 产品作为拼缝最小的产品，市场占比不断提升，销量市场份额同比增长 1.0 个百分点，占比达 7.8%。RNB 产品销量增多的原因：一是 LGD 和 BOE（京东方）两大面板厂商的供货能力提高；二是 RNB 产品价格大幅下滑。

尺寸结构：目前 LCD 拼接屏尺寸以 46 寸、49 寸和 55 寸为主。2023 年，55 寸产品主导市场，占比为 69.7%。49 寸和 46 寸产品整体占比为 29.8%，其他尺寸占比仅为 0.5%。

应用场景：2023 年，在 LCD 拼接屏的销量中，指挥监控场景的销量占比超七成，占比为 71.7%；其次是信息发布与商业显示场景，销量占比分别为 11.5%、9.4%；在视频会议场景中，因考虑开会中拼缝影响显示效果，LCD 拼接屏逐渐被小间距 LED 显示屏替代，应用不断减少，销量占比为 7.4%。

应用行业：2023 年，在 LCD 拼接屏的销量中，政府部门和交通行业的销量占比较高，整体销量市场份额为 52.4%。随着近年来文旅产业的发展，公共服务对 LCD 拼接屏的需求增加，LCD 拼接屏在该行业的销量与 2022 年同期比增长 15.8%，因为 LCD 拼接屏的性价比与其他大屏幕墙产品相比较高。

** 第 4 章
中国电子视像行业半导体显示
供应链运行概况**

4.1 2021—2023 年中国电子视像行业半导体显示供应链数据汇总

2021—2023 年中国电子视像行业半导体显示供应链数据如表 4.1 所示。

表 4.1 2021—2023 年中国电子视像行业半导体显示供应链数据

类别	类别明细	出货量（百万片）		
		2021 年	2022 年	2023 年
面板	电视面板	265.1	260.4	231.0
	大尺寸交互平板面板	3.2	3.7	3.4
	手机面板	1938.0	1789.0	2114.0
	显示器面板	171.2	154.3	147.3
	车载显示面板	181.2	197.1	211.6

4.2 2023 年中国电子视像行业半导体显示供应链运行概述

4.2.1 2023 年电视面板行业统计概况

2021—2023 年电视面板市场统计数据如表 4.2 所示。

表 4.2 2021—2023 年电视面板市场统计数据

类别	类别明细	出货量		
		2021 年	2022 年	2023 年
行业整体		265.1 百万片	260.4 百万片	231.0 百万片
高世代线面板类型	LCD 电视面板	25717.7 万片	25253.3 万片	22570.7 万片
	OLED 电视面板	797.0 万片	790.0 万片	527.0 万片

第4章 中国电子视像行业半导体显示供应链运行概况

1. LCD 电视面板

2023 年，全球十家大尺寸 LCD 面板厂只剩八家。中国大陆的 BOE、CSOT 和 HKC 三大工厂成为全球的绝对三强。中国大陆面板厂的全年出货量几乎占了全球市场七成的份额。中国面板大厂的经营理念由之前的"生产导向、满产满销"转向"市场导向、以销定产"。在从 2023 年 2 月起到 9 月的相当长的时间内，在终端市场需求并不旺盛的基本面下，大尺寸电视面板的价格单边上行，处于绝对的卖方市场。

2023 年，全球大尺寸 LCD 电视面板的出货量约为 2.3 亿片，同比下降 10.6%；出货面积达 1.62 亿平方米，同比微幅增长 0.7%。全球 LCD 电视面板的平均尺寸在 2023 年 9 月首次突破 50 英寸，全年平均尺寸上升到 49.1 英寸，较 2022 年的 46.1 英寸增加了 3.0 英寸。

2021—2023 年 LCD 电视面板市场统计数据如表 4.3 所示。

表 4.3　2021—2023 年 LCD 电视面板市场统计数据

类　　别	类 别 明 细	出　货　量 2021 年	2022 年	2023 年
清晰度	HD	28.2%	33.2%	22.4%
	FHD	14.7%	15.8%	18.5%
	4K	56.9%	50.8%	59.0%
	8K	0.2%	0.2%	0.1%
区域	中国大陆	62.2%	66.9%	68.7%
	中国台湾	20.1%	17.7%	20.5%
	日本、韩国	17.7%	15.4%	10.8%
尺寸结构	32 英寸以下	2.2%	1.8%	1.1%
	32 英寸	25.6%	31.0%	22.2%
	39/40 英寸	6.1%	5.3%	4.7%

(续表)

类别	类别明细	出货量 2021年	出货量 2022年	出货量 2023年
尺寸结构	42/43 英寸	18.7%	19.2%	20.2%
	45～50 英寸	12.4%	11.1%	13.1%
	55 英寸	15.8%	14.1%	16.0%
	58/60 英寸	2.4%	1.5%	1.7%
	65 英寸	10.5%	9.4%	11.5%
	70 英寸	1.4%	1.0%	1.3%
	75 英寸	3.6%	4.0%	5.8%
	75 英寸以上	1.3%	1.6%	2.4%

区域：中国大陆面板厂的出货量占比近七成，是市场供应调控的推动者。2023 年，中国大陆 LCD 电视面板厂的全年出货量约 1.6 亿片，占比达到 68.7%，较 2022 年提升 1.8 个百分点，刷新历史高值。全球 LCD 电视面板行业的话语权已经彻底地转移至中国大陆厂商。

尺寸结构：2023 年，32 寸仍为 LCD 电视面板出货量最多的尺寸，达到 5000.0 万片，但是同比下降高达 36.2%，市场占比为 22.2%，较 2022 年大幅下降 8.8 个百分点。2023 年，缩减小尺寸、增加大尺寸的生产计划是面板厂的共识。42/43 寸 LCD 电视面板和 55 寸 LCD 电视面板分别以 20.2% 和 16.0% 的出货量份额排名第二和第三。2023 年，65 寸 LCD 电视面板出货约 2600.0 万片，同比增长 9.4%，市场占比达 11.5%，较 2022 年提升 2.1 个百分点，在所有尺寸中占比提升最多；75 寸 LCD 电视面板出货约 1300.0 万片，同比增长 29.5%，涨幅排第二；75 寸以上 LCD 电视面板出货约 540.0 万片，同比增长 31.3%，涨幅排第一。

2. OLED 电视面板

从 2022 年起，OLED 电视面板市场开启双品牌供应时代，当年 OLED

第4章 中国电子视像行业半导体显示供应链运行概况

电视面板出货 790.0 万片；2023 年出货 527.0 万片，同比下降 33.3%。2023年，LGD 单一 WOLED 出货约 430.0 万片，已具备 42~97 英寸中八个尺寸的产品；SDC QD-OLED 出货约 100.0 万片，尺寸包括 55 英寸、65 英寸和 77 英寸三个尺寸。

2021—2023 年 OLED 电视面板市场统计数据如表 4.4 所示。

表 4.4　2021—2023 年 OLED 电视面板市场统计数据

类　　别	类别明细	出　货　量		
		2021 年	2022 年	2023 年
尺寸结构	42 英寸	0.0%	5.0%	6.0%
	48 英寸	14.8%	12.6%	11.5%
	55 英寸	43.9%	39.8%	32.9%
	65 英寸	33.1%	33.7%	32.2%
	77 英寸	7.2%	7.6%	14.8%
	83 英寸	0.9%	1.3%	2.6%
	88 英寸	0.1%	0.0%	0.0%
	97 英寸	0.0%	0.0%	0.0%

尺寸结构：全球 OLED 电视面板主要以 55 英寸和 65 英寸为主，两大尺寸合并出货量份额从 2021 年至 2023 年连续三年在 65%以上，2023 年达到 65.1%，较 2022 年下降 8.4 个百分点；77 英寸产品在 2023 年的出货量份额提升最快，较 2022 年增长 7.2 个百分点，达到 14.8%，较 2021 年亦增长 7.6 个百分点。

4.2.2　2023 年大尺寸交互平板面板行业统计概况

2023 年，全球大尺寸交互平板面板出货量同比下降 6.5%；出货面积同比下降 3.3%。

2021—2023 年大尺寸交互平板面板市场统计数据如表 4.5 所示。

表 4.5　2021—2023 年大尺寸交互平板面板市场统计数据

类　别	类别明细	出货量 2021 年	出货量 2022 年	出货量 2023 年
区域	中国大陆	59.1%	68.4%	85.2%
区域	中国台湾	13.9%	10.0%	7.7%
区域	韩国	27.0%	21.6%	7.1%
尺寸结构	55 英寸	5.1%	5.8%	6.3%
尺寸结构	65 英寸	27.3%	29.1%	28.9%
尺寸结构	75 英寸	27.9%	29.6%	29.5%
尺寸结构	85 英寸	2.2%	0.6%	0.7%
尺寸结构	86 英寸	35.4%	34.2%	32.5%
尺寸结构	98 英寸	2.0%	0.6%	1.8%
尺寸结构	100 英寸	0.1%	0.0%	0.2%
尺寸结构	105 英寸	0.0%	0.1%	0.1%

区域：2023 年，中国大陆面板厂的出货量在整体市场的占比达 85.2%，同比增长了 16.8 个百分点；中国台湾面板厂和韩国面板厂占比分别为 7.7%、7.1%。

尺寸结构：大尺寸交互平板面板尺寸以 86 英寸、75 英寸、65 英寸为主。2023 年，三个尺寸的产品出货量合并占比为 90.9%。其中，86 英寸产品出货量占比为 32.5%，75 英寸与 65 英寸产品出货量占比分别是 29.5%、28.9%。

4.2.3　2023 年手机面板行业统计概况

2023 年，尽管智能手机终端市场表现疲软，但面板"库存走低"及价格处于低位预期，助推代理商及终端厂积极采购。2023 年，全球手机面板出货 21.1 亿片（Open Cell 统计口径），同比增长 17.9%。值得一提的是，在 BOE

第4章 中国电子视像行业半导体显示供应链运行概况

(京东方)、惠科、TCL 华星光电等 G8.x a-Si LCD 高世代线产能优势的加持下,a-Si LCD 手机面板价格整体处于低位,华南等渠道代理商积极囤货,使得 a-Si LCD 手机面板出货 11.2 亿片,同比增长 34.9%,带动 2023 年全年手机面板出货量创历史新高。

2021—2023 年手机面板市场统计数据如表 4.6 所示。

表 4.6　2021—2023 年手机面板市场统计数据

类　别	类别明细	出货量（亿片）		
		2021 年	2022 年	2023 年
行业整体		19.4	17.9	21.1
面板类型	a-Si LCD 手机面板	8.0	8.3	11.2
	LTPS LCD 手机面板	4.9	3.7	3.1
	刚性 OLED 手机面板	2.9	1.9	1.5
	柔性 OLED 手机面板	3.5	4.0	5.3

1. a-Si LCD 手机面板

由于 2023 年 a-Si LCD 手机面板价格整体处于低位,华南等渠道代理商积极囤货;另外,终端品牌采取"降本增效"的策略,中低端市场作为品牌维稳的基本盘,2023 年下半年,品牌对 a-Si LCD 手机面板备货的需求呈现积极态势。这些使得 2023 年全球 a-Si LCD 手机面板出货 11.2 亿片,同比增长 34.9%,带动整体手机面板规模及 a-Si LCD 手机面板规模双双创历史新高。

2. LTPS LCD 手机面板

随着智能手机方面的应用需求减少,面板厂积极开发相应的中尺寸产品,在产能转能转移的调配下,LTPS LCD 手机面板出货量进一步减少。2023 年,全球 LTPS LCD 手机面板出货 3.1 亿片,同比下滑 16.2%。但同时由于供应侧产能减少，2023年下半年，LTPS LCD手机面板出现结构性紧缺现象，产品价格率先反弹，迎来上涨。

3. 刚性OLED手机面板

2023年，面临手机应用需求下降的趋势，刚性OLED手机面板出货1.5亿片，同比下降21.1%。从结构性来看，2023年下半年，全球刚性OLED手机面板出货8550.0万片，同比增长4.1%。一方面，2023年下半年，刚性OLED手机面板厂的降价策略逐渐奏效，带动了部分刚性OLED手机面板项目的需求；另一方面，在经历上半年的去库存后，2023年下半年，品牌的备货节奏逐渐回归正常，同时策略性增加刚性OLED手机面板需求，以减弱由于LTPS LCD手机面板及柔性OLED手机面板结构性紧缺和涨价带来的影响，显著带动了下半年刚性OLED手机面板出货量的增加。预计2024年，刚性OLED手机面板需求呈增长趋势，且存在结构性供需偏紧风险。

4. 柔性OLED手机面板

2023年下半年，中高端手机新机型密集发布，特别是华为手机回归及苹果iPhone15系列发布，带动了高端市场的热度。同时，由于前期柔性OLED手机面板激进的价格策略，柔性OLED手机面板在终端机型上不断下放，一系列性价比比较高的中高端产品发布，刺激了消费者的换机兴趣。2023年，柔性OLED手机面板的需求增长依然明显，全年全球柔性OLED手机面板出货5.3亿片，同比增长32.5%。

4.2.4　2023年显示器面板行业统计概况

2023年，全球消费电子继续经历寒冬，显示器面板出货持续下滑。在全

第4章　中国电子视像行业半导体显示供应链运行概况

球经济环境与供应链持续调整的情况下，显示器面板价格起伏，产品快速迭代，市场结构快速调整。2023年，显示器面板相关的新产品、新技术大放异彩，有100Hz的办公显示器的快速升级迭代，也有高端电竞OLED显示器的快速成长等。

2023年，商用需求表现疲软，消费需求成为大盘的重要托底。受传统采购淡季及部分品牌面板库存的影响，2023年一季度，全球显示器面板出货量仅为3230.0万片，出货规模低于新冠疫情前的水平；在疫后电竞换机需求复苏、面板库存改善、"6·18"促销节备货及面板价格上涨等多重因素的影响下，二季度显示器面板出货量快速增长至3800.0万片，环比大幅增长17.8%。进入2023年下半年，商用品牌需求温和回暖，三季度显示器面板出货量进一步增长至3980.0万片。但终端表现持续疲软，品牌面板库存压力增大，四季度显示器面板出货量下滑至3710.0万片。2023年，全球显示器面板出货接1.5亿片，同比下滑4.5%。

2021—2023年显示器面板市场统计数据如表4.7所示。

表4.7　2021—2023年显示器面板市场统计数据

类别	类别明细	出货量 2021年	2022年	2023年
行业整体		171.2百万片	154.3百万片	147.3百万片
区域	中国大陆	48%	56%	59%
	中国台湾	29%	25%	23%
	韩国	23%	19%	18%

2023年，随着大尺寸应用面板价格强势拉涨，品牌对于面板供应链安全性的需求加大，并传导至显示器应用。与此同时，从面板供应端来看，依托差异化的价格策略，市场竞争格局持续调整。尽管中国大陆的显示器供应产能正逐渐增加，但中国大陆、中国台湾、韩国三大区域的供应格局已逐渐趋于稳定。

4.2.5 2023年车载显示面板行业统计概况

2023年，随着汽车芯片供应、行业竞争等因素促进全球汽车产业复苏，汽车的销量大幅度反弹。叠加汽车智能化的发展，智能化座舱在终端汽车市场不断渗透，供应链对车载显示面板的备货需求仍然积极，特别是2023年下半年，其出货量不断创新高。2023年，全球车载显示面板市场出货约2.1亿片，同比增长7.4%，其中前装市场出货约1.9亿片，同比增长5.1%。

2021—2023年车载显示面板市场统计数据如表4.8所示。

表4.8 2021—2023年车载显示面板市场统计数据

类别	类别明细	出货量（百万片）		
		2021年	2022年	2023年
行业整体		181.2	197.1	211.6
类型	前装市场	164.2	177.4	186.5
	后装市场	17.0	19.8	25.1

从车载显示产品的技术类型来看，在供需两侧的积极推动下，过去几年，LTPS LCD技术在车载显示领域得到了快速发展。2023年，全球LTPS LCD车载显示面板出货量达到5870.0万片，同比增长66.0%，占车载显示面板出货量的27.7%。其主要参与者LG显示、友达及TCL华星光电等在车载显示领域的发展也得到了有力的保障。

除了LTPS LCD，OLED技术在新能源汽车及高端汽车品牌市场不断取得突破性进展，随着OLED技术可靠性的持续改善，以及成本的不断下探，OLED车载显示面板在高端市场取得了更多的项目机会。2023年，全球OLED车载显示面板出货量达120.0万片，同比增长1.1倍。

第4章 中国电子视像行业半导体显示供应链运行概况

2021—2023 年车载显示面板市场分区域统计数据如表 4.9 所示。

表 4.9 2021—2023 年车载显示面板市场分区域统计数据

类　别	类别明细	出　货　量		
		2021 年	2022 年	2023 年
区域	中国大陆	40.0%	42.0%	44.0%
	中国台湾	30.0%	28.0%	28.0%
	韩国	9.0%	8.0%	9.0%
	日本	21.0%	22.0%	19.0%

2023 年，一方面，随着中国汽车销量突破 3000 万辆大关，刷新历史纪录，中国汽车市场展现出前所未有的活力。自主品牌的持续发力和技术创新，特别是在智能化及新能源领域的显著优势，有力推动了中国汽车产业链的蓬勃发展。同时，得益于完整的产业链布局，以及庞大的内需支撑，中国新能源汽车不仅在国内市场独占鳌头，更在全球市场上占据了主导地位，为整个产业链的升级与发展赢得了宝贵的先发优势。另一方面，车载显示作为汽车智能化的核心载体，市场需求和技术不断提升。中国面板厂借助其在全球显示产业中的领军地位，精准把握市场趋势，积极投入研发创新，成功将自身优势延伸至车载显示细分领域。2023 年，中国大陆面板厂的出货量在全球车载显示市场占比达 44.0%，充分彰显了中国大陆面板厂在车载显示行业的强大竞争力与领先地位。

第 5 章
中国电子视像行业新型显示技术发展概况

5.1　2023年OLED显示技术发展与展望

1. OLED显示技术介绍

OLED（Organic Light-Emitting Diode，有机发光二级管）属于一种电流型的有机发光器件，是通过载流子的注入和复合而发光的，发光强度与注入的电流成正比。OLED显示屏是继CRT显示器、LCD后最具潜力的新型显示屏之一。它能够实现自发光，具有驱动电压低、快速响应、超轻超薄、柔性显示、对比度高、可视角广、色彩饱和度高、抗震性好等性能优势。

OLED面板在结构上因为不需要背光板，因此厚度更薄、可弯曲性较好。OLED面板除了色彩饱和度和对比度都优于LCD，响应速度也显著快于LCD。但是OLED面板也有其局限性，需要使用有机材料，而有机材料的稳定性不如LCD使用的无机材料，因此OLED面板寿命更短。此外，由于OLED面板是各个像素点自发光的，长时间保持同一画面会出现烧屏现象，因此OLED显示技术仍有进步空间。

OLED面板的驱动模式主要分为无源驱动（PMOLED）和有源驱动（AMOLED）。其中PMOLED发展较早，但受制于发光连续性、功耗、寿命和性能等方面的短板，并没有被引入大体量的消费电子产品中。AMOLED运用了类似LCD的TFT驱动模式，每个像素由一个独立的薄膜晶体管控制，在功耗、寿命、分辨率等方面都要优于PMOLED，但这一技术门槛较高，成本要高于PMOLED。

AMOLED背板驱动技术主要包括LTPS（低温多晶硅）、IGZO（铟镓锌氧化物）和LTPO（低温多晶氧化物）。其中，LTPO结合了LTPS和IGZO

第5章　中国电子视像行业新型显示技术发展概况

两种技术的优点，可以以低生产成本实现更高的电荷迁移率、稳定性和可扩展性，同时突破了 LTPS 技术难以应用于大尺寸基板的瓶颈，因此成为目前小尺寸高端产品和中大尺寸 OLED 面板的技术选择之一；LTPS 仍然是中小尺寸 OLED 面板的主流技术，具有可靠性高、像素高等优点，但因为电子迁移率高，功耗也更高；IGZO 则主要用于大尺寸 OLED 面板。

2. 供给端：多应用加速渗透，国内产能快速释放

OLED 显示技术作为主流的新型显示技术之一，目前市场渗透率呈持续上升趋势。在 OLED 面板的出货构成中，目前仍以中小尺寸的 OLED 面板为主，大尺寸 OLED 面板目前受限于技术，在使用寿命和成本等方面存在一定的缺陷，因此市场渗透率较低。但随着未来技术的突破和成本的下降，OLED 显示技术有望进一步渗透大尺寸面板市场。在供给端，目前韩国的三星和 LG 仍然在 OLED 面板市场占据主要份额，但国内的 BOE（京东方）、维信诺、天马微电子等面板厂商的 OLED 面板产能快速释放，全球 OLED 面板产能呈现向中国大陆加速转移的趋势。

3. 需求端：OLED 面板显示市场增长迅速，手机市场仍是主体

在 OLED 面板显示市场中，手机市场仍然是 OLED 显示技术最大的应用市场，但 OLED 显示技术在其他中大尺寸面板显示市场也呈现加速渗透趋势。

面板显示市场按尺寸大小主要分为三类，包括以智能手机为代表的小尺寸市场，以平板电脑、个人计算机和车载显示器等为代表的中尺寸市场，以及以电视机为代表的大尺寸市场。目前来看，OLED 显示技术渗透率在不同的市场有所分化，在智能手机等小尺寸市场渗透率最高，在中大尺寸市场渗透率较低。这主要受两个因素影响：第一，OLED 大尺寸显示技术尚未完全成熟，成本难

以控制；第二，中大尺寸面板往往对器件使用寿命有更高的要求，而在使用寿命方面，OLED 面板不如 LCD。与之相对，OLED 小尺寸显示技术更为成熟，成本相对较低，智能手机等小尺寸产品换机周期相对更短，同时 OLED 面板可以更好地满足人们对于曲面屏、折叠屏等手机屏幕的多样化需求，因此在手机市场，尤其是在旗舰手机市场中，OLED 显示技术渗透率较高。

1）小尺寸：屏幕需求多样化助力 OLED 显示技术渗透率快速提升

手机市场对屏幕的需求多样化，助力 OLED 显示技术渗透率不断快速提升。AMOLED 手机的渗透率已经从 2020 年年初的 33％迅速提升到 2023 年的 50％以上。虽然智能手机进入存量阶段，但 OLED 智能手机出货量呈持续上升趋势，不断挤压 LCD 智能手机的市场空间。

OLED 面板成智能手机旗舰机的标配。随着人们对于手机屏幕的需求多样化，直屏、曲面屏、折叠屏等智能手机百花齐放，由于 LCD 很难实现曲面和折叠效果，因此 OLED 面板几乎成为近年来智能手机旗舰机的标配。

此外，除苹果以外，三星、华为、小米等品牌厂商都推出了折叠屏手机。随着折叠屏技术的发展，已经衍生出多种类型的折叠屏：内折、外折、纵向折叠。可见除了色彩饱和度、对比度、亮度、响应速度等屏幕的基本特性，人们对于屏幕样式的需求也呈现多样化，OLED 面板的柔性显示效果使其在手机市场具有明显优势。

2）中尺寸：OLED 显示技术渗透加速，IT 端、车载应用前景广阔

在 IT 端、车载等中尺寸显示领域，OLED 显示技术的渗透率不及小尺寸领域，除了受到本身成本和使用寿命的限制，在中尺寸显示领域的高端市场中，OLED 显示技术也面临 Mini LED 等显示技术的竞争。目前中尺寸显示

第 5 章　中国电子视像行业新型显示技术发展概况

市场仍以液晶显示技术作为主流显示技术，但 OLED 显示器已经开始在高端产品中搭载。与传统 LCD 相比，OLED 显示器在画面色彩还原、对比度、响应速度等方面具有明显优势。比如，OLED 显示器能够实现完美的黑色表现，这在制作暗场电影和游戏时尤其重要；此外，OLED 显示器响应速度更快，能够提升游戏和视频观看的舒适性。虽然受限于技术和成本，当前 OLED 显示技术在 IT 端的渗透率还比较低，但整体呈现上升趋势。

（1）车载显示：智能化升级，OLED 车载显示进入新时代。

汽车市场是一个较为成熟的市场，近三年虽受新冠疫情影响，汽车销量相比疫情前略有下滑，但车载显示面板出货量逐年稳定上升。从车载显示的技术路线来看，目前液晶显示技术仍是主流的显示技术，但在高端车型中，OLED 显示技术正呈现加速渗透趋势。近年来，OLED 车载显示面板在新能源汽车及高端汽车品牌市场不断取得突破进展，LGD、SDC、BOE（京东方）、EDO 等面板厂从理想、蔚来、智己等新势力汽车品牌，以及凯迪拉克、奔驰、奥迪、宝马等传统高端汽车品牌不断取得项目并逐渐量产。未来，随着 OLED 车载显示面板的寿命等可靠性的持续改善，以及成本的优化，OLED 车载显示面板有望在高端汽车市场获得更多应用。根据测算，2028 年，全球 OLED 车载显示面板出货量有望达到 900 万片，渗透率有望提升至 4.1%。

（2）平板显示：OLED 显示技术进入渗透元年，未来可期。

从平板显示的技术路线来看，虽然液晶显示技术仍是主流，但高端市场向 OLED 显示技术升级的趋势基本确定。

3）大尺寸：生产成本受限，OLED 电视渗透率较低

OLED 电视相比采用其他显示技术的电视机，具有屏幕亮度高、色彩细

腻、对比度高、黑色表现完美、响应速度快等优势。在过去几年，随着OLED大尺寸显示技术的不断发展和成本降低，同时韩国LGD、三星等厂商积极推进OLED显示技术在大尺寸领域的应用，OLED电视的渗透率不断提升。

综上，目前OLED显示技术仍以小尺寸市场——智能手机的应用为主，在主流旗舰级手机应用市场中，OLED面板几乎成为标配，直屏、曲面屏、折叠屏百花齐放，并不断向中低端市场下沉。在中尺寸市场，如个人计算机、平板显示和车载显示市场，OLED显示技术正处于渗透初期，受限于良品率和成本等因素，目前主要以高端市场应用为主。在大尺寸市场，OLED显示技术处于渗透率稳步提升阶段，但因其大尺寸显示技术尚未完全成熟，成本较高，暂未威胁LCD电视的市场主导地位。未来，随着OLED大尺寸显示技术不断成熟，生产成本进一步优化，OLED显示技术在中大尺寸应用市场的渗透有望加速。

5.2　2023年激光显示技术发展与展望

激光显示是以激光为光源的新型显示技术，由于激光光源具有方向性好、亮度高、单色性好的优点，激光显示可以实现双高清、大色域、高观赏舒适度的高保真图像再现，同时兼具亮度高、尺寸大、功耗小、体积小、质量小、价格低、观看舒适度好的特性，是推动显示产业升级与转型的重要战略方向之一。

从"十五""十一五""十二五"的863计划、科技支撑计划，到"十三五"的重点研发计划，在国家的持续支持下，截至2023年，国内已有30余家企业开展了激光显示技术的研发和产业攻关，已经形成了多条激光显示生

第5章 中国电子视像行业新型显示技术发展概况

产与研发线，覆盖了激光显示的光源、光机、屏幕、整机等全产业链，相继突破了超高分辨率光学引擎、超短焦广角镜头、高增益投影屏幕涂层材料、新型匀光整形材料等技术；研发了高动态、大色域、超高清的激光显示整机设计方法与低成本制造等产业化关键技术及产品，在整机设计集成、一体化光源、散斑抑制等关键技术方面处于国际领先，在一些关键核心技术如三基色 LD 材料器件、光机、屏幕膜片等方面正在快速缩短与国外的差距，部分已经实现自主创新。

从 2018 年至今，中国电子视像行业协会制定了实施激光显示的相关行业团体标准 17 项，其中 2023 年制定了 4 项团体标准，为激光显示产业的发展保驾护航。

2021—2023 年中国电子视像行业协会团体标准现行标准——激光显示相关如表 5.1 所示。

表 5.1　2021—2023 年中国电子视像行业协会团体标准现行标准——激光显示相关

序号	现行标准号	标 准 名 称	实 施 日 期
1	T/CVIA 85—2021	激光电视用发声屏幕声学性能技术规范	2021 年 7 月 31 日
2	T/CVIA 86—2021	激光显示用波长转换器件技术规范	2021 年 7 月 31 日
3	T/CVIA 87—2021	激光显示用光机模组技术规范	2021 年 7 月 31 日
4	T/CVIA 88—2021	激光显示用光学元件技术规范	2021 年 7 月 31 日
5	T/CVIA 89—2021	激光显示用匀光器件技术规范	2021 年 7 月 31 日
6	T/CVIA 110—2023	隐藏式激光电视技术规范	2023 年 3 月 10 日
7	T/CVIA 111—2023	隐藏式激光电视机柜技术规范	2023 年 3 月 10 日
8	T/CVIA 112—2023	激光电视主观舒适度技术规范	2023 年 3 月 10 日
9	T/CVIA 113—2023	激光显示动态散斑测试方法	2023 年 3 月 10 日

1. 三色激光技术已成为行业趋势

色域大、色彩丰富、饱和度高、颜色表现力强，是激光显示技术的突出优势，特别是三色激光显示技术，它可以实现 75%以上的高色域覆盖率和 12bit 的大颜色数，是唯一能够全面达到超高清显示 BT.2020 国际标准的显示技术。

随着上游激光器核心零部件的性能提升，以及光源器件集成应用技术的快速发展，三色激光技术以其在亮度、色域、对比度、寿命等方面的优势，受到业界的广泛关注，且其方案成本快速下降，已成为当今行业的主流发展趋势，产品渗透率快速提升。特别是在家用激光投影产品领域，三色激光显示产品的渗透率接近 60%，三色激光技术已实现对单色的反超。针对影响三色激光技术应用的散斑等瓶颈问题，随着协同散斑抑制等技术的应用，散斑效应已可降低到人员不易察觉的水平，三色激光技术应用的"拦路虎"已被扫除。

激光电视行业的头部品牌均在三色激光技术领域进行了重点布局，在光源架构设计、激光消散斑、散热可靠性设计等领域持续进行积累，截至目前，中国企业在激光消散斑、散热可靠性设计领域的技术先进性和专利数量积累均处于全球领先地位。

2. 产品清晰度快速提升，超高清逐步普及

随着视听需求的不断发展，更高的精度、更清晰的细节成为诸多领域的强烈需求。激光显示本身在超大尺寸显示领域具有突出优势，4K 甚至是 8K 超高清分辨率的应用，更是一种视频形态的全面升级，它可以让人们"零距离""沉浸式"地体验、感受纤毫毕现的视觉魅力。另外，激光显示技术不会随分辨率的提升而带来光利用率的损失，因此激光显示是超高清、超大屏显示的最佳载体。

2023 年，激光显示产品的分辨率提升速度加快，特别是 4K+三色方案的渗透率快速提升，4K 分辨率已占据主要份额。同时，随着显示芯片性能的

第5章　中国电子视像行业新型显示技术发展概况

升级，具有 8K 分辨率的激光电视产品面市，画面精细程度再升级，激光显示产业进入 8K 时代。

3. 激光显示产品形态多样化，品类性竞争优势凸显

激光技术具有以点生面的成像特点，由此其产品形态更具灵活性，可充分与用户场景结合。对大屏电视入户、安装困难的问题，产业界发布可折叠屏幕激光电视，其屏幕膜片柔性可卷曲，屏幕轮廓面积能够缩小 50%，能够实现分体式轻量化入户，做到 120 英寸的巨大屏幕无须使用重型设备或拆卸门窗即可轻松入户，有效推动了电视大屏化进程。屏幕激光电视在抗光屏幕中铺设的蜂巢仿生发声单元，给人以每个像素都"声"动的奇妙感觉，带来"音画同步"的沉浸式影音体验。可卷曲屏幕激光电视则利用激光显示屏幕的柔性特点，实现电视机与居家环境的高度融合，带来更具竞争性的品类优势。

4. 激光显示产品使用的便利性不断优化

AI 技术与家用投影等产品结合，表现在两个层面：一个是内容层面，如增加语音控制、手势操控；另一个是在产品的个性化应用上，如从输入信号的自寻找、自适应，到自动的入幕、对焦、变焦、梯形校正等。这样，激光电视产品安装及移动后复位等痛点问题得到有效改进，同时将相关技术应用于激光智能投影设备后，产品的使用体验大幅提升，满足了多场景自助式使用的需求。

5. 激光显示代表性产品的发展趋势

激光显示的应用市场目前已覆盖家庭、商务、教育、工程四大市场，包括面向客厅、卧室等的家用激光显示产品；面向酒店、办公等商业应用的商务激光投影机；面向教育市场应用的教育激光投影机；面向室内外展示、影院、户外景观照明等工程应用的工程激光投影机。

1）家用激光显示产品

激光显示产品主要以激光电视、激光智能投影机的产品形式在家用市场不断被普及应用。激光电视是采用激光作为显示光源，配备专用投影屏幕和音响设备，可接收广播电视节目或互联网电视节目的投影显示设备。同时，便携性更好的激光智能投影机很好地满足了消费者的应用需求，与激光电视相比，其形态更加多元化，满足了消费者各种各样的细化需求。

2）商务激光投影机

商务激光投影机，主要是针对商务、办公会议使用环境的基于激光光源的投影机，应用场景包括酒店、会议、餐饮娱乐等商业应用。当前，商务激光投影机的主要发展方向为高亮化、大色域、低功耗和便携，市场规模持续扩大。未来，随着智慧办公、元宇宙、沉浸式显示等新应用需求的不断提升，商务激光投影机不仅要实现信息的显示功能，也要满足人们在欣赏和娱乐方面的高端需求。在沉浸式场景显示方面，如网红餐饮领域，基于投影技术的激光显示产品，通过更迭"沉浸式内容和主题"，甚至是"融入客人自带数字内容"，实时塑造不一样的饮食/就餐体验。此外，当代博物馆的建设趋势已经从传统的展示型应用，逐渐发展到"全数字、智慧型"博物馆的阶段，呈现数字化、互动式、故事性等发展趋势，激光显示产品方案更具灵活性，可通过古今场景融合、虚实融合等技术助力文博领域的转型升级。

第 5 章　中国电子视像行业新型显示技术发展概况

3）教育激光投影机

教育激光投影市场一直是激光投影市场最重要的领域。虽然近年来，教育激光投影机由于受到政策影响，出货量有所下降，但随着教育市场逐渐呈现的大尺寸、高端化、智能化、健康化的新趋势，可满足上述应用需求的激光显示产品，将成为智能化、高端化教育市场下一个重要的增量市场，智慧教室、仿真实训、校园博物馆将成为重要应用场景。

4）工程激光投影机

超高亮度的工程激光投影机，是显示设备中最高端的产品，主要应用市场为大型活动展览展示、指挥监控和模拟仿真等。工程激光投影机的发展目前呈现轻/亮化和高清化。轻/亮方面主要体现为产品更为轻巧，应用更为简洁，亮度保持在 1 万甚至几万流明以上，这对于工程激光投影机的制造商来说技术挑战巨大。同时其清晰度也在向上升级，具有 WUXGA 和 FHD 清晰度的产品的出货量份额提升明显，4K 应用也已经逐步出现。

5）激光显示未来的应用领域

随着激光显示技术与人机交互、智能识别、物联网、云平台、大数据等新技术的融合，激光显示技术将延伸至车载光学、航空显示及 AR 等更广泛的应用领域。

汽车领域的智能化发展是激光显示在车载领域应用的重要推手，激光显示相较于传统车载显示方案，拥有安装灵活、易于隐藏、形状和大小多变，显示设备与画面分离等优点，激光显示和激光照明作为车载领域的重要技术，已得到业内的积极关注。目前，利用激光显示技术的车载显示方案主要包括：汽车天窗上的透明显示，可增强车内的沉浸式氛围；智慧表面投影和侧窗交互投影，如在仪表板表面、扶手表面投影，以控制汽车状态，乘客在后排可直接点击侧窗显示的内容来调节空调，获取车内信息等，同时侧窗交互投影具备内投内显、内投外显两种模式，以进一步丰富人车交互体验；车内可升降大屏，在使用时打开，利用设置在车顶/车侧方/车后方的投影机将画面投射在幕布上，确保观看体验并在车内以幕布形成软隔断，保护前后排的隐私。

AR-HUD（增强现实抬头显示）通过在 HUD 光学投影系统中融入 AR 技术，实现在真实世界上覆盖数字图像（如车速、导航等信息），使得 HUD 投射出来的信息与真实的驾驶环境融为一体，从而使驾驶安全性更高，可为驾驶员提供智能化驾乘体验，被认为是未来的发展趋势。

5.3　2023 年 Mini LED 技术发展与展望

1. 市场概况

在 LED 产业链各界的持续布局与终端厂商的推动下，Mini LED 在新冠疫情的冲击中绽放了别样的精彩，行业巨头纷纷推出搭载 Mini LED 背光技术的终端产品，将这一项显示技术的热度推至顶峰。2021 年，全球 Mini LED 显示器市场规模为 3440.0 万美元，预计 2030 年将增长至 31.0 亿美元，在 2022—2030 年的预测期内，将以 88.1%的复合年增长率（CAGR）增长。

2. Mini LED 背光技术的应用领域及市场定位

在品牌和产业链的大力推动下，Mini LED 背光技术有了丰富的应用场

第5章 中国电子视像行业新型显示技术发展概况

景,包含电视机、显示器、笔记本电脑、平板电脑、车载显示及 VR 智能穿戴设备等消费电子产品、IT 产品。

1)电视机应用

2022 年,Mini LED 背光电视的出货量为 341 万台,年增长率为 48.3%;2023 年,Mini LED 背光电视的出货量达到 425 万台,较 2022 年增长 24.6%。Mini LED 作为背光提升了 LCD 电视的对比度、亮度和画质表现,也就相当于提升了 LCD 电视的竞争力。长期来看,依托 LCD 面板的成本优势,结合自身的不断突破和成本的逐步下探,Mini LED 背光技术将持续渗透电视机市场。

2)显示器应用

Mini LED 背光显示器的供应链产业链完整,尤其是中国市场。从 2022 年的品牌布局来看,在全球显示器市场出货量中,中国品牌占比为 39%,2023 年该比例提升到 54.9%。在此背景下,中国品牌在产品推广力度及成本压缩力度上将更高效,有望带动 Mini LED 技术快速渗透显示器市场。

3)车载显示应用

LCD+Mini LED 背光的方案在可靠性、亮度及对比度上的优势使其成为车载显示的理想选择,能够同时满足行车安全性和驾乘体验的需求。在市场布局上,中美品牌先行,欧日品牌跟随。预计 2025 年后,日系和欧系品牌将逐步加入 Mini LED 背光车载显示的布局阵营。

4)VR 应用

2022 年,随着 Meta 发布首款搭载 Mini LED 背光技术的 VR 设备 Meta

Quest Pro，市场对 Mini LED 背光 VR 设备的期待值有所拉升。该设备本身成本高，加上结合了感测组件，最终售价达 1649 美元，因此市场反馈不如预期。

3．Mini LED 技术的发展

Mini LED 背光显示产业链的核心技术在于 Mini LED 灯板。2023 年明显的发展趋势是，Mini LED 所使用的灯板可以与传统背光灯板兼容，并且具有其他相关工艺制程。目前，不仅品牌厂商和封装厂商，国内一些主要的芯片厂商，如三安光电、京东方华灿光电、台湾晶电和兆驰半导体等，都积极投入 Mini LED 背光显示产业中。

Mini LED 的封装方式主要包括 POB、COB 和 COG 三种。POB 技术利用高速贴片机对 Mini LED 进行封装，而 COB 技术则利用固晶机对大量转移技术集成的 Mini LED 进行封装，目前国内的一些厂商，如瑞丰光电、国星、聚飞和晶台等，都提供成熟的技术支持。COG 技术以晶芯科技等公司为代表，已经开始在量产中应用。

Mini LED 背光驱动技术仍然分有源驱动和无源驱动两种，从目前的产品来看，仍然以无源驱动为主。但有源驱动技术进步快速，成本上正在与无源驱动急速靠近，其封装所采用的 PCB 板包括铝基板、FR4 基板、BT 基板和玻璃基板等，在组装工艺方面与传统背光显示工艺没有显著差异。

5.4　2023 年 Micro LED 技术发展与展望

1．市场概况

2023 年，Micro LED 市场正处于快速发展的关键时期，市场规模和行业

第5章　中国电子视像行业新型显示技术发展概况

动态均显示出积极的增长迹象。2022年，全球Micro LED显示器市场规模达到了103.5亿元，并预计随着Micro LED技术的商业化，到2028年，全球Micro LED显示器市场规模将激增至5019亿元，展现出年均复合增长率约为91.0%的巨大潜力。

2023年标志着Micro LED作为显示技术正式商品化。尽管当年的实际出货量相对较小，但预计在生产良品率的改善下，2024年的出货量有望实现10倍的年增长。此外，该报告还强调了苹果计划在Apple Watch上应用Micro LED技术，以及三星等在Micro LED领域的进展，预示着Micro LED技术在可穿戴设备和大型显示器方面的应用前景。

整体来看，2023年，Micro LED市场规模虽处于起步阶段，但随着技术的进步和成本的降低，以及在高端显示应用领域的不断拓展，Micro LED技术展现出了强劲的增长势头和广阔的市场应用前景。

2．Micro LED直显产品应用市场趋势

1）商用市场

由于传统小间距LED显示产品的最佳观看距离在2米以上，所以其可以作为户外大屏及大型室内屏幕，应用于监控指挥、酒店等大型会议室场景。随着显示间距进入Mini/Micro LED时代，Micro LED直显产品的适宜观看距离缩短到1~2米，将可以满足各类型会议、教育等更多商用需求，面向的市场也从小间距LED时代的百亿级来到千亿级，并将随着成本的下行逐步增大市场规模。

2）家用市场

从家用市场整体走势来看，Micro LED电视还处于起步阶段。自2022年5月三星Micro LED电视在国内开启预售以来，国内厂商如利亚德、康佳、雷曼、洲明科技、艾比森、AET阿尔泰等多家头部企业已经在积极布局。100英寸以上的巨幕成为家庭影院市场的新热点。2023年年初，市场对Micro LED电视的预期相对乐观，但由于Micro LED电视高昂的售价，各品牌售出的Micro LED电视屈指可数，特别是全球经济持续低迷，各品牌的销量远远低于预期。

3）车载市场

Micro LED显示技术具有高分辨率、低功耗、高亮度、高灵活性、快速响应和高可靠性等优点，在车载显示领域具有巨大的应用前景。Micro LED显示技术之所以适用于车载显示，是因为Micro LED显示技术具有四大重要特性：其一是工作温度范围达到-40～80℃；其二是显示形态可以实现柔性、曲面、异形；其三是显示方式可以是透明显示；其四是耐振动冲击性能优异。

由于Micro LED技术处于发展中，成本较高，Micro LED显示技术在车载领域的渗透速度缓慢。2023年，全球车载显示面板前装市场出货约2.1亿片，同比增长约7.0%。预计2028年，Micro LED显示技术在车载领域的占比约1.5%。

4）可穿戴设备/AR/MR应用

要实现真正的消费级AR眼镜，眼镜物理形态的优化是关键。在光学系统方面，一款完全透明的AR智能眼镜势必需要搭配光波导技术。由于光波导对于显示器原始亮度动辄造成99%的损耗，拥有高亮度、高分辨率、低功耗等一系列优秀特性的Micro LED显示技术比起其他显示技术有着更具弹性的对应空间，无疑是未来AR眼镜理想的显示技术之一。"光波导+Micro LED"

第 5 章　中国电子视像行业新型显示技术发展概况

被业界公认为是 AR 眼镜的优秀显示方案，可以推动 AR 眼镜实现小型化、轻量化。

3. Micro LED 技术的发展

巨量转移技术是 Micro LED 大规模商业化应用的关键瓶颈之一。2023 年，该领域取得了重要突破，包括精度提升、效率增加和成本降低。研究人员开发了多种新型转移方法，如激光转移、滚轮转移和流体自组装等，这些方法显著提高了转移良品率和速度，为 Micro LED 阵列的高效构建奠定了基础。其中，芯元基半导体在 Micro LED 巨量转移技术领域取得了重大突破。该公司成功开发了晶圆级印章巨量转移工艺，达到了转移芯片位置零偏差，减少了工艺步骤，实现了降本。

实现全彩显示是 Micro LED 技术的核心挑战之一。2023 年，业界在全彩化解决方案上探索了多种路径，包括量子点色彩转换层、多色 LED 芯片直接集成及色彩校准算法等。这些技术的融合应用，使得 Micro LED 显示器能够呈现更加鲜艳、准确的色彩，满足高端显示市场的需求。

随着 Micro LED 像素尺寸的进一步缩小，如何实现高密度集成并保持高效的驱动电路设计成为研究热点。2023 年，研究人员开发了新型驱动架构，如分布式驱动、矩阵驱动等，这些技术有效降低了功耗，提高了响应速度，并优化了像素均匀性。同时，高密度集成技术的突破也为 Micro LED 在 VR/AR、可穿戴设备等新兴领域的应用铺平了道路。

Micro LED 的高亮度特性导致其在工作过程中会产生大量热量，如何有效散热成为保障其长期稳定运行的关键。2023 年，业界在散热技术方面进行了大量创新，如采用高效热界面材料、设计优化的散热结构等。同时，封装技术也取得了显著进展，如开发了新型封装材料、优化了封装工艺等，这些创新提高了 Micro LED 器件的可靠性和寿命。

5.5　2023 年电子纸技术发展与展望

1. 电子纸模组

2023 年，全球电子纸模组出货量为 23330.6 万片，较 2022 年同比下降 9.2%。模组出货量主要应用于电子纸标签市场，一般行业旺季始于二季度，三季度最旺。2023 年下半年，由于终端项目需求出现了短期的下行，电子纸标签的项目源出现缩减，下半年模组厂商出现高库存的情况，出货量大幅下滑，未能延续往年三季度最旺的趋势，同时导致全年整体需求下降。

2021—2023 年全球电子纸模组市场统计数据如表 5.2 所示。

表 5.2　2021—2023 年全球电子纸模组市场统计数据

类别	类别明细	出货量（万片） 2021 年	2022 年	2023 年
	行业整体	20888.0	25694.3	23330.6
尺寸结构	2 寸以下	4532.7	5395.7	3009.6
	2~3 寸	13075.9	14388.6	13601.4
	3~4 寸	1211.5	2903.4	2799.6
	4~6 寸	1900.8	2749.3	2752.9
	6~9 寸	188.0	102.8	979.9
	9 寸以上	—	154.2	186.6
颜色	双色	13431.0	4419.4	1399.8
	三色	7018.4	19733.0	19807.2
	四色	438.6	1541.6	2099.7
	多色	—	—	23.3

第5章 中国电子视像行业新型显示技术发展概况

（续表）

类　别	类别明细	出货量（万片）		
		2021年	2022年	2023年
应用	电子纸标签	19500.0	24418.2	20600.0
	电子纸平板	1036.6	1102.0	1254.4
	电子纸标牌	7.5	9.8	12.0

尺寸结构：全球电子纸终端应用仍集中于2~3寸的产品市场，其2023年出货量占比最高，出货量达到了13601.4万片，占比为58.3%；2寸以下占比降至低点，3寸以上占比持续提升：2寸以下的代表尺寸1.5寸和1.54寸已经降至历史最低点，导致2023年2寸以下模组出货量占比仅为12.9%，较2022年下降了8.1个百分点；3寸以上出货量持续提升，产品不仅适用于零售，更加适合在多场景应用，是未来电子纸产品市场的中流砥柱。

颜色：2023年，三色模组仍为主要出货颜色，全年出货量达到了19807.2万片，占比为84.9%，较2022年提升了8.1个百分点，主要原因是三色模组无论是技术成熟度还是市场接受度都在大幅提升，其价格跟黑白模组相比也相差不大。电子纸行业整体的彩色化趋势凸显。分单品类产品来看，电子纸标签和电子纸平板在2023年均进入彩色化快速发展的一年，大幅推动了彩色化产品的发布频率和力度。

应用：目前电子纸模组主要应用于三大类产品，分别为电子纸标签、电子纸平板和电子纸标牌，电子纸标签被认为是电子纸的基础市场，是市场出货量的主要来源。电子纸平板是增长最快的新兴市场，在销售额层面是保证电子纸整体规模的核心产品。电子纸标牌是未来几年电子纸最具前景的市场，随着应用范围的逐步扩张，其对电子纸整体市场发展的贡献将不可估量。

2. 应用终端

2021—2023年全球电子纸应用终端市场统计数据如表5.3所示。

表5.3 2021—2023年全球电子纸应用终端市场统计数据

类别	指标	出货量（万片、万台）			销售额（亿元）		
		2021年	2022年	2023年	2021年	2022年	2023年
应用终端	电子纸标签	19500.0	24418.2	20600.0	35.1	48.8	41.2
	电子纸平板	1036.6	1102.0	1254.4	259.0	268.8	326.0
	电子纸标牌	7.5	9.8	12.0	4.3	6.0	7.2
电子纸标签尺寸结构	2寸以下	4227.3	5127.8	2657.4	5.3	6.8	3.3
	2~3寸	12194.8	13674.2	12009.8	18.3	23.4	18.5
	3~4寸	1129.9	2759.2	2472.0	3.5	7.8	6.6
	4~6寸	1772.7	2612.8	2430.8	5.6	8.3	7.4
	6~9寸	175.3	97.7	865.2	2.5	1.5	4.1
	9寸以上	0.0	146.5	164.8	0.0	1.0	1.2
电子纸平板尺寸结构	7寸以下	871.5	724.2	821.9	191.7	134.4	130.4
	7~9寸	133.3	283.2	246.9	41.4	96.8	114.1
	9寸以上	31.8	94.7	185.6	25.9	37.6	81.5

电子纸标签：电子纸标签主要面向B端市场客户，包括大型商超、便利店、连锁超市等新零售场所，也在逐渐拓展物流场景、文娱场景、出行场景等领域的应用。2023年，电子纸标签全球出货量为20600.0万片，较2022年同比下降15.6%；全球电子纸标签销售额为41.2亿元，同比下降15.6%。

从尺寸结构角度来看，2~3寸的电子纸标签仍为主流，代表尺寸为2.13寸、2.66寸和2.9寸。2023年，2~3寸的电子纸标签出货量占比达到了58.3%。2寸以下出货量占比为12.9%，市场占有率出现了明显下降，较2022年下降了8.1个百分点。3寸以上电子纸标签产品市场占有率出现了明显提升，由

第5章 中国电子视像行业新型显示技术发展概况

2022年的23.0%提升至28.8%，提升了5.8个百分点，电子纸标签向中尺寸迁移的趋势明显，3.5寸、3.7寸、4.2寸和5.8寸电子纸标签的出货量占比均出现提升，主要原因有以下三点：第一是效果上，3寸以上的中尺寸产品在显示效果及信息量上较传统小尺寸有优势；第二是需求上，3寸以上产品往往不局限于商超、便利店等消费品零售场景，进一步拓宽了新场景需求，包括电子产品门店、艺术馆、图书馆、运动品牌门店等；第三是利润上，3寸以下产品成本透明，利润空间有限，拓宽中尺寸可短期提升一定程度的利润水平。

电子纸平板：在电子纸平板市场中，欧美国家占据主导，这些地区的人群由于具有较好的阅读习惯，其主要需求集中于阅读器产品，每年新增及换机需求保持较为稳定的增长，因此其近年均保持稳定的增长态势。2023年，全球电子纸平板销量为1254.4万台，同比增长13.8%；全球销售额为326.0亿元，同比增长21.3%。中国增幅高于全球整体，市场更加活跃，体现为产品形态更加丰富，除了阅读器产品，办公本、学习本在中国市场逐步占据主导，与阅读器形成三足鼎立的局面。

从全球市场产品尺寸结构来看，全球市场仍以7寸以下产品为主，代表性尺寸为6寸和6.8寸。2023年，全球7寸以下电子纸平板销量为821.9万台，同比增长13.5%，主要原因是全球阅读器市场需求的稳定表现。9寸以上产品保持高速增长，2023年全球销量达到了185.6万台,同比增长96.0%，其核心增长因素是中国市场办公和教育领域的应用，拉高了全球整体的市场表现。

电子纸标牌：随着欧洲能源结构的变化，其对显示产品的功耗要求越发严格，电子纸标牌在欧美市场发展迅速，落地的项目数量较多。2023年，全球电子纸标牌出货量为12.0万台，同比增长22.4%。目前，32寸、25.3寸、

13.3 寸等产品已实现量产，未来更大尺寸的产品将陆续上市。电子纸标牌未来将逐步成为电子纸行业营收的主要来源，随着大尺寸电子纸膜片成本的下降，大尺寸产品更加满足节能减排的环保要求，电子纸标牌在未来将成为一个基础市场。

5.6 2023 年显示行业视觉健康发展与展望

1. 我国青少年视觉健康的形势依然严峻

根据 2023 年国家卫生健康委员会公布的数据，全国儿童青少年总体近视率为 52.7%，其中，小学生为 35.6%，初中生为 71.1%，高中生为 80.5%，大学生为 90%。从近年来儿童青少年近视的情况来看，近视高发的年龄段已从 8～12 岁提前至 6～10 岁。近视已经成为影响儿童健康和全面发展的突出问题。

2. 显示领域提升显示产品视觉健康的最新理念

考虑到电子显示产品是多数情况下人们长时间近距离工作所使用的媒介，生产厂家长久以来一直努力寻找降低使用电子显示产品视觉疲劳的方法，以改善用户使用体验。

1) 光谱优化

红光增强：可以改善眼底血流密度，减少视疲劳和干眼症。

光谱展宽：将显示光谱的半峰宽加宽，使之更接近自然光的光谱，减少刺眼等问题的产生。

蓝光可调：可以根据使用时间和场景的不同，动态调整光谱的蓝光占比。

第5章　中国电子视像行业新型显示技术发展概况

2）AI自适应

个性化设置：如适合老人和儿童的电视机。

色觉自适应：基于长者与色弱者的彩色图像增强模式。

智能动态环境适应：产品整机或屏幕集成温感和多路光感传感器，多维度实时感知环境温度、环境亮度和色温，根据外部环境光调整屏幕亮度和色温，以改善观看舒适度。

3）参数友好

不再追求单一指标，采用合适的亮度、对比度、色域等光学参数，力求色彩真实，再现真实世界，还原创作者的本意。

4）改近为远

使用远望屏（远像屏），将近距离的文本、图像、视频通过光路投影，使人感觉到在几米远的地方观看，从而降低眼睛的紧张程度，提升观看舒适度。

3. 行业发布多项显示行业视觉健康标准

2021—2023年中国电子视像行业协会团体标准现行标准——视觉健康如表5.4所示。

表5.4　2021—2023年中国电子视像行业协会团体标准现行标准——视觉健康

序号	现行标准号	标准名称	实施日期
1	T/CVIA 81.1—2021	显示产品视觉健康技术要求　第1部分电子白板	2021年5月31日
2	T/CVIA 81.2—2022	显示产品视觉健康技术要求　第2部分智能液晶电视	2022年11月28日

(续表)

序号	现行标准号	标准名称	实施日期
3	T/CVIA 81.3—2022	显示产品视觉健康技术要求 第3部分教育平板电脑	2022年11月28日
4	T/CVIA 130—2023	视觉疲劳测试与评价方法 第3部分电子纸可读性测试及评价方法	2023年11月7日

第 6 章
中国电子视像行业各地开发园区发展概况

6.1 京津冀地区开发园区发展概况

京津冀地区是我国新型显示行业的重要区域，也是比较早发展显示产业的地区之一，经过多年的发展，北京、河北固安已经成为中国新型显示产业杰出的区域代表。

2021年，京津冀新型显示产业发展联盟在固安成立，其由京东方、维信诺、杉金光电等业内的领军企业共同发起，意在加速推进新型显示产业集群化发展。

1. 北京经济技术开发区

随着5G、人工智能、自动驾驶等新技术逐步成熟，显示产业作为信息交互的重要端口，将持续引领电子信息产业升级发展。

围绕新一代信息技术等主导产业，北京经济技术开发区（以下简称北京经开区）近年专门出台了高质量发展的"8条政策"，给予产业大力的支持。其中包括培育新一代信息技术产业集群；推动关键技术自主创新；打造产业创新平台；推动技术集成应用示范；鼓励产业融合，加快改造升级；促进新一代信息技术产业协同；加强金融服务，拓宽融资渠道；完善产业创新生态。

目前，北京经开区新型显示产业形成了"运进石英砂，运出数字电视整机"的产业链条，拥有以BOE（京东方）为龙头，康宁、冠捷科技、住友化学、德为视讯等配套企业聚集的数字电视产业园。与此同时，其还吸引了国

第6章 中国电子视像行业各地开发园区发展概况

家超高清电视应用创新实验室落户，启动规划建设经开区视听产业园，将吸引涵盖核心元件及硬件终端研发、网络传输、平台应用和内容创意等关键环节的高精尖项目落地，培育超高清视听产业生态链，打造 5G 产业应用新高地，建设国际视听产业园，并成为培育视听政策的策源地。

2．河北固安高新区

河北固安是我国新型显示产业杰出的区域代表之一。数据显示，该地区拥有以 BOE（京东方）、维信诺、鼎材科技、翌光科技、通嘉宏盛、廊坊明友等龙头企业为首的新型显示企业 52 家，产业集聚效应凸显，产业总投资超过了 300 亿元。其中，BOE（京东方）在固安建立的生产基地液晶显示模组产能位居国内第一；维信诺建成了国内首条具有完全自主知识产权的第 6 代全柔 AMOLED 生产线。2018 年，固安高新区成为全国首个获批的"全国光电显示知名品牌创建示范区"。2020 年，固安新型显示产业基地获批"国家火炬特色产业基地"。

6.2 长三角地区开发园区发展概况

长三角地区作为我国经济发展最活跃、开放程度最高、创新能力最强的区域，承担着率先形成新发展格局的重要使命。

目前长三角地区形成了以安徽合肥，江苏南京、苏州，上海各地等为中心的多个新型显示产业集聚地，形成了以显示面板为核心，以材料、关键零部件、元器件、特种装备为配套的产业集群，带动智能电视、笔记本电脑、穿戴产品、视频监控、车载显示等下游终端全面发展。

1. 合肥新站高新技术产业开发区

合肥新型显示产业整体规模在国内已经居于第一方阵，创新能力、本地化配套水平均在国内处于领先水平。2023 年，合肥新型显示产业产值为 1016.8 亿元，其中面板产值为 534 亿元。可以说，新型显示产业已经成为合肥高质量发展的重要引擎。

目前，合肥新型显示产业集聚企业超 120 家，汇聚了 BOE（京东方）、彩虹、乐凯、康宁、三利谱、力晶科技、住友化学、法液空等一批具有国际影响力的龙头企业。其建成三条 TFT-LCD 量产线（一条 6 代线、一条 8.5 代线、一条 10.5 代线）、一条打印 OLED 试验线及一条硅基 OLED 小尺寸线，在建一条 6 代柔性 AMOLED 线，形成了涵盖上游设备、材料、组件，中游面板、模组及下游智能终端的完整产业链。

2. 上海湾区高新技术产业开发区

上海湾区高新技术产业开发区围绕龙头企业和辉光电，整合了从上游材料、设备、组件，到下游智能终端等，已汇聚了奥来德、升翕、繁枫、精珅、玟昕、九山电子等上下游配套项目 22 个，整个产业链项目投资 470 亿元，产值从 2003 年的 12.68 亿元增长至 2023 年的 387.3 亿元，合计达到 3242.75 亿元，20 年来平均增长率达到 18.63%，产业集聚集群发展效应日益显现。

2021 年 4 月，上海金山工业区新型显示产业基地被上海市经济和信息化委员会批准为上海市新型显示特色产业园。2021 年 5 月，和辉光电成功登陆科创板。

第6章　中国电子视像行业各地开发园区发展概况

3．江苏南京经济技术开发区

南京是全国新型显示产业重镇，而南京经济技术开发区的新型显示年产值超过1000亿元，产业规模占全市80%以上，这里曾被誉为"液晶谷"。目前其已集聚了LG电子、LG显示、夏普、BOE（京东方）、中电熊猫、杉金光电等龙头企业，新型显示企业达100余家，在产业链方面从上游材料、组件，中游面板、模组到下游应用，形成较为齐全的产业链条。其拥有夏普全球研发中心等市级以上各类企业研发机构76家、国家级企业技术中心1个、光电类新型研发机构5家。

BOE（京东方）自2020年12月底正式接手中电熊猫8.5代线后，就投入资金进行技术改造和新产品研发，未来还有可能扩产。BOE（京东方）的加入，为南京显示产业带来新的发展契机。

4．江苏昆山经济技术开发区

江苏昆山经济技术开发区（以下简称昆山经开区）光电产业园拥有规模以上新型显示企业超过200家，不仅形成了"原材料—面板—模组—整机"的完整产业链条，而且在每个产业关键环节都有相应的龙头项目。在原材料领域，其集聚了旭硝子、东旭光电、之奇美材料等；在面板领域，其拥有龙腾光电、友达、维信诺、国显；在整机制造领域，其拥有康佳、天乐、仁宝；在设备制造领域，其拥有东电、之富士等。

其中，国显、友达、龙腾光电三家面板企业技术先进，分别代表着有机发光体AMOLED、非晶硅TFT-LCD、低温多晶硅（LTPS）领域国内的最高水平，并且都已经具备量产能力。

此前，昆山经开区光电产业园已经成功创建了国家新型工业化产业示范基地、国家平板显示高新技术产业化基地、昆山深化两岸产业合作试验区示范产业基地。

6.3 东南沿海地区开发园区发展概况

以深圳、广州、厦门为代表的东南沿海地区具有贴近下游用户的优势，面板企业纷纷落地建设模组产线，推动我国智能终端产业进一步发展。

1. 深圳

世界显示有中国，中国显示看深圳。深圳新型显示产业在发展过程中形成了"龙头企业—重大项目—产业链条—产业集聚—产业基地"的集群发展模式。

光明科学城则是深圳新型显示发展重要的园区，集聚了 TCL 华星光电、天马微、旭哨子、盛波光电等龙头企业。TCL 华星光电作为龙头企业，拉动上下游配套产业链发展。目前，光明科学城已形成一条完整的液晶显示产业链集群：上游原材料生产环节有三利谱、日东光学、旭硝子等；中游液晶面板及模组生产企业包括 TCL 华星光电、莱宝高科、柔宇、华映等；下游品牌制造商包括大量的电视机、手机和平板电子产品制造企业。

此外，为推动建设新型显示技术创新策源地和产业集聚区，深圳近年来还提出根据不同城区的区位优势和资源禀赋，积极优化产业空间布局，增强区域产业配套能力，引导资金、项目、人才等产业要素有效集聚，在不同区域重点打造新型显示核心区、新型显示研发先锋区、超高清终端创新发展区、

第6章 中国电子视像行业各地开发园区发展概况

超高清综合应用示范区，重点培育超高清显示、激光显示、柔性显示等产业链条。

2．广州经济技术开发区

广州作为国内显示企业聚集地之一，吸引了包含LG显示、维信诺、超视堺、康宁、TCL华星光电等国内外龙头企业入驻。随着多家龙头企业的生产线建成投产，广州新型产业产值加速提升至千亿级。

超视堺10.5代TFT-LCD显示器生产线项目、维信诺（广州）全柔AMOLED模组生产线、LG显示（广州）OLED 8.5代生产线、TCL华星光电（广州）8.5代印刷OLED生产线及康宁显示科技（广州）10.5代液晶显示玻璃生产线项目、LG化学偏光片项目等战略性新兴产业项目陆续建设、投产和量产，让广州成为拥有四类显示技术产线的城市。

此外，近年来，广州还初步形成覆盖摄录编播的超高清视频全产业链，行业巨头及相关上下游产业落户，一个从8K内容创作、信息处理、高端显示、云端存储到网络传输的新型显示全产业链正在加速形成。广州市工业和信息化局印发了《广州市超高清视频产业发展行动计划（2021—2023年）》（以下简称《行动计划》），进一步推动超高清视频产业高质量发展，建设"世界显示之都"，打造具有全球核心竞争力的超高清视频产业集群。

3．福建厦门火炬高技术产业开发区

厦门新型显示产业集群是国家级光电平板显示产业集群的试点，是厦门首条千亿产业链，拥有天马微电子等一批百亿产值的龙头企业，形成了一定的经济规模和集群影响力。

2020年,厦门光电显示产业实现产值1500.7亿元,规模以上企业多达162家。目前。厦门火炬高技术产业开发区(以下简称厦门火炬高新区)的平板显示产业已形成覆盖LED、玻璃基板、面板、模组、液晶显示器、整机等较为完整的产业链布局,拥有天马、友达光电、冠捷、宸鸿等多家百亿级龙头企业。

近年来,厦门火炬高新区前瞻谋划新型显示产业,相继引进电气硝子玻璃基板、天马第6代柔性AMOLED生产线、隆利科技新型显示智能制造基地等项目,为产业链向价值链高端迈进积蓄发展动能。厦门火炬高新区电子信息(光电显示)连续两年获评国家新型工业化产业示范基地最高等级"五星级"。

6.4 中西部地区开发园区发展概况

以武汉、成都、重庆为代表的中西部地区成为我国新型显示产业新的增长极。

1. 武汉东湖新技术开发区

武汉光谷是我国最大的中小尺寸显示面板聚集区,50多家新型显示产业企业总投资近千亿元,聚集了天马微电子、TCL华星光电、精测电子、鼎龙股份、尚赛光电、康宁等一批优质企业,涵盖玻璃基板、发光材料、检测设备、工业气体等环节,形成了完整的新型显示面板生产线。其中,TCL华星光电成为湖北首家产值超百亿元的半导体显示面板企业,并以20%的市场占有率位居全球第二,成为全球最大的LTPS单体工厂。

2021年12月3日,TCL华星光电投资150亿元扩建第6代半导体新型

第6章 中国电子视像行业各地开发园区发展概况

显示器件生产线 t5 的项目落户武汉东湖新技术开发区，继续充分发挥龙头企业规模效应和集聚效应，助推光谷成为国内技术最先进、规模最大的中小尺寸显示面板研发、生产、制造基地，提高对产业链上下游的带动能力。

2. 四川成都高新技术产业开发区

2020 年，成都电子信息产业规模达到 10066 亿元，成为首个突破万亿元的产业，位居全国第六、中西部第一。而作为成都电子信息产业主阵地，2020 年，成都高新技术产业开发区（以下简称成都高新区）新型显示产业重点企业产值达到 322 亿元，同比增长 11.8%，成为全国重要的新型显示及中小尺寸面板生产基地。在 BOE（京东方）、天马微电子、维信诺等龙头企业的带动下，成都高新区聚集了产业上下游企业 50 余家，形成了从上游原材料、中游显示面板到下游终端生产的全产业链。在关键材料方面，中光电、冠石科技、路维光电等企业可为玻璃基板、液晶材料、掩模版等提供配套材料；在下游应用方面，长虹、富士康、联想等企业形成了平板电视、笔记本电脑等终端市场。

目前，成都高新区已相继建成 BOE（京东方）国内首条、全球第二条已量产的第 6 代柔性 AMOLED 生产线，出光兴产全球第三个、国内首个 OLED 发光材料制造基地，路维光电国内首条 11 代掩模版产品生产线等，在 AMOLED 柔性显示、无屏显示等细分领域处于全球行业领先地位，是中国柔性显示的主要研发生产基地。

3. 重庆巴南经济园区

重庆巴南经济园区是重庆唯一的市级特色平板显示产业基地，园区集聚了以惠科金渝、汉朗光电、惠科金扬等为代表的上下游企业 25 家，打造了从液晶材料、光电器件、玻璃基板、液晶面板、液晶显示模组到整机的全产业链。

当前园区已形成以惠科金渝光电液晶面板 8.6 代线、惠科千万台液晶显示器、汉朗光电混晶液晶新材料、晶朗光电高液晶精密光电器件、惠科显示模组为代表的新型显示产业集群。

附录 A
液晶面板企业[*]

---

[*] 1. 附录 A~附录 G 中每个附录的内容按照企业名称拼音字母排序。
2. 附录 A~附录 G 中的企业介绍由企业提供或来源于企业官网等。
3. 由于篇幅有限,附录 A~附录 G 未包含所有企业。

惠科股份有限公司

惠科股份有限公司（以下简称惠科）成立于 2001 年，是一家专注于半导体显示领域的科技公司，主营业务为研发与制造半导体显示面板等核心显示器件及智能显示终端。在显示领域专注耕耘二十余年，惠科实现了从半导体显示面板到智能显示终端的产业链整合，并积极探索与物联网等新产业的融合。

依托四条技术特点各有侧重的 G8.6 TFT-LCD 高世代产线和四个显示终端生产基地，惠科目前已实现电视机、显示器、笔记本电脑、平板电脑、手机、车载、工控等多种应用场景的显示面板的量产出货，并不断拓展电子纸、户外显示屏等新应用领域。

在智能显示终端业务方面，惠科主要生产智能电视等 TV 终端和显示器、一体机、笔记本电脑、平板电脑、广告机、智慧健身镜等 IT 及智慧物联终端，并进军智慧物联显示终端领域，为智能制造、智慧教育、智慧办公、智慧交通、智慧新零售、智慧家居及智慧安防等各应用场景提供智慧物联显示终端产品，在进一步丰富产品线的同时有力推动业务的增长和核心竞争力的升级。

在全球半导体显示产业良好发展的背景下，惠科不断扩展海内外业务板块。国内方面，其已在深圳、重庆、滁州、绵阳、长沙、合肥、宜昌、北海、上海等地建立了生产和研发基地；海外方面，其在美国、英国、韩国、日本、新加坡、荷兰、印度尼西亚、加纳、拉脱维亚等多个国家和地区拥有产业布局，产品行销全球 100 多个国家，服务体系覆盖欧洲、美洲、亚洲、非洲等全球主要地区。

附录 A　液晶面板企业

京东方科技集团股份有限公司

京东方科技集团股份有限公司［以下简称 BOE（京东方）］创立于 1993 年 4 月，是一家为信息交互和人类健康提供智慧端口产品和专业服务的物联网公司，形成了以半导体显示事业为核心，传感器及解决方案、MLED、物联网创新事业、智慧医工事业融合发展的"1+4+N"的航母事业群。

作为全球半导体显示产业的龙头企业，BOE（京东方）带领中国显示产业实现了从无到有、从有到大、从大到强。目前全球每四个智能终端中，就有一块显示屏来自 BOE（京东方），其超高清、柔性、微显示等解决方案已广泛应用于国内外知名品牌。

BOE（京东方）在北京、合肥、成都、重庆、福州、绵阳、武汉、昆明、苏州、鄂尔多斯、固安等地拥有多个制造基地，子公司遍布美国、德国、英国、法国、瑞士、日本、韩国、新加坡、印度、俄罗斯、巴西、阿联酋等 19 个国家和地区，服务体系覆盖欧洲、美洲、亚洲、非洲等全球主要地区。

群创光电股份有限公司

群创光电股份有限公司（以下简称群创光电）是由 2003 年 1 月 4 日中国创汇排名第一的富士康科技集团创立的 TFT-LCD 面板专业制造公司。群创光电拥有专业的平面显示器研发技术团队，加上富士康科技集团在大量制造系统产品上的实力，可有效发挥垂直整合效益，对于提升世界平面显示器产业的水准具有指针性的贡献。

成为世界顶尖平面显示系统供货商是群创光电的经营目标与定位。结合富士康科技集团在销售通路上的优势，群创光电将提供全方位的平面显示应用系统，产品线从大小尺寸面板、大小尺寸模块到终端系统产品，各类产品组合完整。

为客户提供高质量的产品及高效率的供应链管理是群创光电的承诺。借助富士康科技集团完整的产业链及全球分工体系，透过集团上下游资源整合及共享，发挥集团整体综效，群创光电必将成为世界 TFT-LCD 面板产业的新标杆企业。

附录 A 液晶面板企业

TCL 华星光电技术有限公司

TCL 华星光电技术有限公司（以下简称 TCL 华星光电）成立于 2009 年，是一家专注于半导体显示领域的创新型科技企业。作为全球半导体显示龙头企业之一，TCL 华星光电以深圳、武汉、惠州、苏州、广州，以及印度为基地，拥有九条面板生产线、五大模组基地，投资金额超 2600 亿元。

TCL 华星光电积极布局下一代 Mini LED、Micro LED、柔性 OLED、印刷 OLED 等新型显示技术，产品覆盖大中小尺寸面板及触控模组、电子白板、拼接墙、车载、电竞等高端显示应用领域，构建了在全球面板行业的核心竞争力。

TCL 华星光电将持续迎接挑战，保持效率领先；加快产品和技术开发，进一步提升产品竞争力；调整产品结构，加强与客户的协同，共创双赢；实现从效率领先、产品领先、技术领先到生态领先的跨越。

友达光电股份有限公司

友达光电股份有限公司（以下简称友达）成立于 1996 年 8 月，2001 年与联友光电合并，2006 年再度并购广辉电子。经过两次合并，友达得以拥有制造完备大中小尺寸面板的各世代生产线。

友达以创新技术提供先进的显示器整合方案，包括 4K 与 2K 超高分辨率、3D、超轻薄、窄边框、透明显示器、LTPS、OLED，以及触控解决方案等。友达拥有从 3.5G、4G、4.5G、5G、6G、7.5G 到 8.5G 最完整的各世代生产线，能提供各种 LCD 显示器应用所需的面板产品，涵盖从 1.2 寸到 71 寸的 TFT-LCD 面板。友达为全球领先的 TFT-LCD 面板制造者，其大尺寸面板市场占有率为 16.2%，致力于为客户提供高附加价值的创新产品组合，并运用完整世代生产线的竞争优势，弹性调整并开发各种应用产品，进一步掌握市场先机，取得综效之利基。友达拥有多项研发专利，并被选为美国 2011/2012 年 Ocean Tomo 300® 专利指数成份股之一。

附录 B
LED 供应链企业

东莞阿尔泰显示技术有限公司

东莞阿尔泰显示技术有限公司（以下简称 AET 阿尔泰）成立于 2016 年，以"共享智造"为轴心，集 Mini/Micro LED 设计、研发、生产、销售及服务于一体，将半导体材料、核心芯片、光源、高密度载板、驱动汇和图像处理相结合，搭建以前沿核心技术、优质高效供应链和先进制造工艺为支撑的超高清 LED 显示生态圈，以创新引领未来视界。

AET 阿尔泰聚焦前沿技术研发，以 AET 企业院士工作站为依托，布局从氮化镓材料到芯片设计、封装、应用端的完整产业链，进行多个行业领先的项目研发工作。作为行业内首推 Mini/Micro LED 标准化架构并实现标准化架构产品量产的品牌，AET 阿尔泰将科研技术、市场实践转换为标准成果，推动 Mini/Micro LED 技术和产品发展，引领行业变革。

AET 阿尔泰在光达制造寮步智慧谷工业园拥有总面积为 24000 平方米的"共享智造"生产基地、9000 多平方米的仓储空间、3000 多平方米的研发实验室，提供 ODM/OPM 服务，为全自动生产制造工厂的打造做领创性的示范部署。

附录 B LED 供应链企业

利亚德集团

利亚德集团成立于 1995 年，于 2012 年在深圳证券交易所上市（股票代码：300296）。其拥有员工近 5000 人，十大生产基地及九大研发中心遍布全球。利亚德连续七年蝉联全球 LED 显示市场占有率第一。

利亚德集团致力于通过技术创新、产品创新、高端制造，引领全场景智慧显示应用新时代。成立 29 年，其始终专注于智能显示领域，坚持稳健经营、持续创新、开放合作，形成了以 LED 智能显示产业为核心，文旅夜游、AI 与空间计算产业融合发展的全生态事业群。

利亚德集团始终以技术研发为根，以产品创新为本，专利超 2600 项；始终以提升人类视觉享受为愿景，专注视效科技及应用的万亿级商用民用市场。

利亚德集团连续 20 余年服务国家重大政治文化活动，曾先后为庆祝中华人民共和国成立 50、60、70 周年等阅兵及庆典活动，2008 年北京奥运会，2019 年武汉军运会开闭幕式（总承包），2022 年北京冬奥会，2023 年成都大运会、杭州亚运会，以及习近平总书记与神舟十二号航天员"天地通话"，庆祝中国共产党成立 100 周年文艺演出《伟大征程》等重大国事活动提供视效（显示）产品及服务保障。

作为行业领军企业，利亚德集团先后被授予：国家技术创新示范企业、中国电子信息百强企业（北京十强）、中国软件与信息服务百强企业、国家文化和科技融合示范基地、博士后科研工作站、工业和信息化部制造业单项冠军产品等。

三安光电股份有限公司

三安光电股份有限公司（以下简称三安光电）成立于 2000 年 11 月，是国内成立最早、规模最大、品质最好的全色系超高亮度 LED 外延及芯片产业化生产基地，是国家发展和改革委员会批准的"国家高技术产业化示范工程"、科技部及原信息产业部认定的"半导体照明工程龙头企业"、原航天航空部确认的"战略合作伙伴"。

三安光电坚持以质量求生存，以创新谋发展，勇于开拓、不断创新，产品更新换代的步伐紧跟国际潮流，具有自主知识产权的多项技术填补了国内空白。其产品主要有全色系超高亮度 LED 外延片、芯片、PIN 光电探测器芯片、化合物太阳能电池等，这些产品的各项性能指标均达到国内第一、国际先进水平。

三安光电拥有世界上最先进的仪器设备和高标准的生产环境，聚集了一批国内外一流的 LED 生产技术专家，拥有由美国、日本、中国光电技术顶尖人才组成的高素质研发团队，研发能力居国内前列。到目前为止，其已获得 33 项专利授权。

附录 B　LED 供应链企业

深圳市艾比森光电股份有限公司

深圳市艾比森光电股份有限公司（以下简称艾比森）创立于 2001 年 8 月，主营 LED 全彩显示屏产品，聚焦广告显示、舞台显示、商业显示、数据可视化显示、会议显示、消费级显示等领域，致力于为客户提供全方位的 LED 显示屏产品和解决方案。

艾比森坚持自主研发，推动新技术的应用，保持对 LED 封装技术、LED 显示图像画质处理技术、LED 显示屏智能控制系统与超高清技术、大屏控制、智慧一体机、虚拟拍摄技术等新技术的探索与开发，同时注重对核心前沿技术的研究与创新。在结构、电子、封装、超高清显示技术等领域，艾比森大力构筑核心技术护城河。

艾比森设有深圳总部、惠州制造基地，并在美国、德国、日本、中东、俄罗斯、墨西哥、巴西等地设有 14 家公司，产品远销美洲、欧洲、亚洲、非洲的 140 多个国家和地区。

深圳市瑞丰光电子股份有限公司

深圳市瑞丰光电子股份有限公司（以下简称瑞丰光电）成立于 2000 年，是一家集 LED 研发、生产、销售及 LED 应用解决方案于一体的全球知名创新型科技企业。

科技创新、技术领先、产品差异化是瑞丰光电赖以生存的核心竞争力，瑞丰光电陆续布局和推动照明、显示、车用、电气、触显等专业领域的发展，并与全球一线品牌建立了深度战略合作关系。

科研创新为瑞丰光电的发展带来不竭的原动力，瑞丰光电致力于帮助各行业的客户满足当今和未来社会发展的需求。未来，瑞丰光电将继续秉承"创新科技丰富人类生活"的理念，整合全球资源与技术，不断创新与发展，以"成为全球领先的科技公司"为企业愿景。

瑞丰光电拥有覆盖面广、服务完善的营销服务网络，以及深圳总部、宁波分部及各片区办事处，营销范围遍及整个中国，同时产品远销至欧洲、北美、东南亚等海外市场，成为全球 LED 封装行业的重要参与者。

附录 B　LED 供应链企业

深圳市洲明科技股份有限公司

深圳市洲明科技股份有限公司（以下简称洲明科技）成立于 2004 年，专注于 LED 显示和照明两大业务领域，以显示业务作为城市数字化交互核心，以照明业务作为城市多维数据采集入口，致力于科技与设计，为全球客户提供包含软硬件及内容的 LED 光显产品和解决方案，将光显的数字化场景带给每个国家、每个组织、每个乡村/家庭、每个人，构建全视化的光显世界。

洲明科技致力于为全球客户提供高质量、高性能的 LED 显示与照明产品及解决方案，拥有完整的研发、智造、销售、服务体系。

洲明科技现拥有全资子公司、参控股公司 40 余家。在国际市场，洲明科技是 LED 路灯 2019—2021 年出口额第一的中国品牌企业，路灯项目遍及美国、巴西、哥斯达黎加、阿根廷、西班牙、法国、德国、意大利、瑞士、奥地利、澳大利亚、马来西亚、越南、以色列、迪拜、沙特、印度等国家和地区。

厦门乾照光电股份有限公司

厦门乾照光电股份有限公司（以下简称乾照光电）成立于 2006 年，是国内领先的全色系超高亮度 LED 外延片及芯片生产厂商。

乾照光电专注创新，依靠专家团队研发了拥有自主知识产权的外延片、芯片，并将其迅速产业化。凭借均匀性、一致性、可靠性等综合性能方面的优势，其生产的四元系外延片、芯片在质量和产销量方面均处于国内较高水平；生产的高效砷化镓太阳能电池外延片达到了国际标准，是国内空间飞行器的主电源。其产品在国内市场享有一定的声誉，现已销售到全国 20 多个省市，多项产品达到了国际标准技术水平，成功替代进口，创造了良好的经济效益和社会效益。

乾照光电拥有先进的 LED 外延生长和芯片制造设备，建立了从外延生长、芯片制造到封装测试的完整产业链。乾照光电注重技术创新，拥有强大的研发团队和多项核心专利，致力于推动 LED 技术的创新和升级。乾照光电总部设立在福建厦门，产业化基地分布在厦门、扬州、南昌。

附录 C
电子纸供应链企业

广州文石信息科技有限公司

广州文石信息科技有限公司（以下简称文石科技）是一家专注于墨水屏技术研发与应用的高科技企业，其产品主要包括 BOOX 系列智能墨水平板，这些产品因其出色的显示效果、强大的 PDF 功能、行业领先的产品配置及别具一格的创新设计而受到全球用户的喜爱和追捧。文石科技的产品线涵盖了从 6 英寸到 13.3 英寸的所有主流尺寸，支持多达 30 多种常见电子文档格式，如 PDF、TXT、HTML、EPUB 等，满足了不同用户的需求。自 2009 年登陆国际市场以来，文石科技的墨水屏产品已畅销全球 50 多个国家和地区，包括美国、荷兰、比利时、卢森堡、西班牙、俄罗斯、芬兰、波兰、德国、法国、乌克兰、澳大利亚等，拥有数百万忠实用户。

文石科技不仅在国内外斩获了多项阅读器评比大奖，如"中国红星设计奖""波兰最佳电子阅读器""护眼阅读书写最佳用户体验和最高美誉度产品""德国红点奖"等，还被 HiTech Magazine 评为"最佳阅读器"第 2 名，以及被 PCMagazine 评为"2020 最佳科技产品"，并入选其最高荣誉的"PCMag 编辑选择奖"。此外，文石科技还是国内首家通过 Adobe 9.1 认证的阅读器品牌，展现了其在电子墨水屏领域的深厚实力和创新能力。

文石科技自 2008 年成立以来，已在电子墨水屏领域深耕 12 年，开发出 50 余款深受消费者喜爱与好评的墨水屏产品。未来，文石科技将继续致力于为全世界的读者打造更多高品质的、符合"科技、时尚、品位"定位的智能护眼墨水屏终端，全力打造满足不同用户需求的专业护眼墨水屏终端，展现中国科技品牌的创新能力和技术实力。

附录 C　电子纸供应链企业

汉朔科技股份有限公司

汉朔科技股份有限公司（以下简称汉朔）是一家专注于智能货架销售、智能设备销售、计算机硬件销售等业务的企业，成立于 2012 年 9 月 14 日，总部位于浙江省。汉朔以其创新的技术和解决方案，在智慧零售领域展现了强劲的实力和清晰的发展战略，尤其是在电子价签系统、SaaS 云平台服务等领域的成就，使其成为行业内的佼佼者。汉朔凭借其在数字化解决方案领域的深度赋能，以及不断地技术创新和产品升级，继续在智慧零售领域精耕细作，致力于为客户提供更加便捷、智能的购物体验，同时也为传统产业的数字化转型升级注入新的活力。

汉朔拥有对零售数字化变革的深刻理解、出色的行业前瞻性与持续创新能力，兼备高效的供应链体系与集成交付能力。汉朔通过提供软硬件结合的数字化门店解决方案，帮助门店重构"人、货、场"关系，打造数字化应用场景，提升门店整体的经营管理效率。在零售数字化业务推进过程中，汉朔也随客户的增加实现了全球拓展，成为中国科技公司 B2B 出海模式中的佼佼者：自 2012 年成立以来，通过一系列战略性发展节点，汉朔已实现了其业务的全球化扩张；2014 年，汉朔迈出了海外战略的第一步，随后借助国内新零售的浪潮，为国际市场的拓展打下了坚实基础；2017 年，汉朔成功签约全球客户欧尚，标志着其供应链整合和技术创新的优势开始显现；2018 年，汉朔业务迅速扩张，产品线在门店数字化领域不断丰富，技术创新成为其核心竞争力之一；2023 年，汉朔国际化业务拓展取得很大的进展，全年电子纸价签出货量仅次于行业巨头 SES。

汉王科技股份有限公司

汉王科技股份有限公司（以下简称汉王科技）是一家专注于多元智能人机交互技术与产品研发的科技企业，成立于1998年，拥有多年的科研成就和丰富的技术积累。在国家"863计划"及国家自然科学基金等重点项目的支持下，汉王科技率先研究、开发、应用、推广多元智能人机交互技术与产品，解决了中国人的输入问题，保证了中国人与世界信息文明的共同进步。汉王科技不仅在手写汉字识别、OCR识别、名片识别、手写数字识别、表格处理、车牌号识别、指纹识别等技术上达到国际领先或先进水平，还开创了非键盘汉字输入新的应用领域，实现了计算机文字识别领域的世纪革命。

近年来，汉王科技在人工智能领域取得了显著进展，拥有包括计算机视觉、听觉、嗅觉/味觉等在内的多模态感知智能技术，以及包括智能视频分析、自然语言理解、AI大模型在内的认知智能技术。汉王科技以"人工智能+"赋能办公、政法、人文、金融、大健康、档案、教育、泛安防等行业，满足B端及C端用户的数智化需求。汉王科技的持续创新和技术领先，使其在各行业的数字化、智能化进程中发挥了重要作用，其也利用现有技术能力成功拓展了新的发展机会和赛道，即电子纸平板市场。其代表性产品汉王N10系列、汉王Clear系列等均得到了消费者的广泛认同，一经发布销量即得到了快速兑现。

附录 C 电子纸供应链企业

元太科技工业股份有限公司

元太科技工业股份有限公司（以下简称元太科技）是全球电泳式电子纸显示技术（ePaper Based on Electrophoretic Technology）的领导开发商与供货商。其以最先进的技术，为全球知名品牌及制造商提供耐用、低耗电的电子纸模块，协助客户开发新产品、创造新市场，并持续拓展电子纸的多元应用。

元太科技成立于 1992 年，为台湾 TFT-LCD 面板厂先驱，专注于生产优质的中小尺寸面板。2009 年，其并购专门从事电子墨水技术及电子纸研发与量产的美国 E Ink 公司（其技术源自麻省理工学院多媒体实验室）。自此，元太科技完成电子纸上中游产业链的布局整合，并以 E Ink 品牌营销全球。2016 年年底，元太科技正式淡出 LCD 业务，专注于电子纸的研发与制造。其经营理念为通过开发各种先进技术，提供革命性的产品、更佳的用户体验并创造更好的环境效益，以超低耗电的显示特性，成为各式应用产品的理想显示接口。

超低耗电的电子纸可协助客户达到环境永续的目标，元太科技亦宣布于 2030 年使用 100%再生能源（RE100），并于 2040 年达到净零碳排放。元太科技为气候宣言（The Climate Pledge，TCP）与科学基础减量目标倡议（Science Based Targets initiative，SBTi）组织成员，更入选国际权威媒体 Financial Times、Nikkei Asia 与国际研究调查机构 Statista 合作评选的亚太区气候领袖企业（Asia-Pacific Climate Leaders）。从倡议到目标、计划的落实，元太科技都获得了外部肯定，元太科技致力于以电子纸技术与应用协助推动低碳环境永续发展。

浙江东方科脉电子股份有限公司

浙江东方科脉电子股份有限公司（以下简称东方科脉）是一家全球领先的新型电子纸显示技术制造服务商，成立于 2005 年 10 月 28 日。其专注于电子纸显示技术的研发、生产和应用，致力于为客户提供高质量的电子纸产品和解决方案。经过十余年的发展，东方科脉在中国拥有三座电子纸制造基地，并在德国、日本、韩国等多个国家建立了分支机构。此外，其在上海设立了销售及研发中心，其产品远销欧美、日韩等 20 多个国家和地区，广泛应用于 ESL 标签、智慧医疗、智慧城市、智慧办公及智能卡等多个领域。

东方科脉不仅在技术和产品上不断创新与突破，还在企业社会责任和可持续发展方面取得了显著成就。其荣获国际 EcoVadis 企业社会责任认证，这表明了其在环境、劳工与人权、商业道德、可持续采购等方面的卓越表现。东方科脉坚持绿色可持续创新理念，致力于通过绿色制造生产和绿色显示技术改善环境、造福社会，展现了其在推动电子纸显示行业绿色发展潮流中的领导地位和承诺。

此外，东方科脉还计划建设全球最大的电子纸生产基地，占地面积达 90 亩（1 亩约 666.67 平方米），总建筑面积达 10 万平方米，项目总投资 10 亿元。该基地将主要用于设计、研发、生产和销售各类电子纸显示器件和模组，计划年产 1 亿片智能物联网电子纸，并在 2025 年引进产业链配套项目后，总产值达到 100 亿元。这一计划不仅体现了东方科脉对未来发展的宏伟愿景，也展示了其在电子纸显示技术领域的领先地位和全球影响力。

附录 D
消费级泛显示终端品牌企业

北京小鸟看看科技有限公司

北京小鸟看看科技有限公司（PICO）是一家专注于虚拟现实（VR）技术的公司，自 2015 年成立以来，一直致力于 VR 领域的研发和创新。PICO 的品牌使命是"为用户创造全新连接，拓展生活体验，释放无限潜能"，致力于成为领先的世界级 XR 平台。PICO 的愿景是通过不断地技术创新，突破现实限制，激发个人潜能，实现自我价值。

PICO 的产品线涵盖了多款 VR 设备，包括 PICO Neo 系列、PICO G 系列及最新的 PICO 4 和 PICO 4 Pro。这些产品采用了先进的技术，如高通骁龙 XR2 处理器、Pancake 光学方案、高分辨率显示屏和宽视场角，为用户提供了沉浸式体验。PICO 4 Pro 更是支持眼动追踪和面部追踪技术，能够实现智能无级瞳距调节、真人表情模拟、视线交互及视线追踪渲染等功能。

PICO 在内容生态建设方面也不断发力，与多家影业公司达成合作，引入了丰富的 VR 内容，包括游戏、影视、健身和社交等应用。其还推出了 PICO Avatar 编辑器，允许用户在虚拟世界中创建个性化的形象。

2021 年，PICO 被字节跳动收购，并入字节跳动的 VR 相关业务，这为 PICO 带来了更多的资源和技术支持。在字节跳动的支持下，PICO 不仅在硬件上进行了升级，还在内容生态和市场战略上进行了创新与扩展。

PICO 的发展历程是中国 VR 产业的一个缩影，从初创企业到产业领导者，PICO 不断推动 VR 技术的发展和应用，为用户带来了更加丰富和便捷的娱乐体验。随着技术的不断进步和市场的持续拓展，PICO 有望在全球 VR 行业占据更加重要的地位。

附录 D　消费级泛显示终端品牌企业

峰米（北京）科技有限公司

峰米（北京）科技有限公司（以下简称峰米）成立于 2016 年，是全球领先的激光电视、智能投影品牌，总部位于重庆两江新区。峰米始终秉承"把影院搬回家"的使命，将影院激光放映厅采用的 ALPD® 激光光源技术广泛应用于家用投影产品，致力于为消费者打造集娱乐、智能生活于一体，独具品牌特色的大屏激光投影产品。

峰米作为光峰科技与小米科技联合成立的小米生态链企业，凭借股东的技术背景，以及自身强大的研发实力与海量专利，吸引了众多海内外一流的产品制造、影音技术、内容平台等合作伙伴，保证了卓越的产品品质与使用体验，打造了激光电视、激光微投、LED 微投等领先市场的多品类产品，并自主开发了全球首个专为大屏交互而生的 FengOS 系统。

2021 年，峰米旗下的子品牌——小明正式进入智能投影市场。小明成立以来坚持大力研发，涵盖光机设计、整机设计、智能感知算法开发、画质优化算法开发、软件系统开发等各项智能投影设备的核心技术领域。小明全系率先采用全封闭式定制光机，解决了传统 LCD 全开放式、半封闭式光机寿命低和成像质量差的问题。此外，小明牵头中国电子视像行业协会参与起草并编制了 CVIA 亮度标准，推动了投影亮度标准化。

冠捷科技集团

冠捷科技集团（以下简称冠捷科技）前身为艾德蒙海外股份有限公司（Admiral Overseas Corporation），于 1967 年在台湾创立。1989 年，总裁宣建生博士决定到福建省福清市建厂，在一片荒芜之中，冠捷科技的第一家大陆工厂拔地而起。历经数十载的积淀与发展，冠捷科技已从一家名不见经传的显示器小厂成长为全球领先的显示器及电视智能制造商，在全球拥有 12 个制造基地，年产量约 5000 万台，近年营收规模保持在 500 亿元以上。其显示器出货量连续二十年保持全球第一，市场占有率稳定在 30%左右；电视出货量也稳居全球电视市场前十。2023 年 3 月，其荣获中国工业领域最高奖项——2023 年第七届中国工业大奖；2023 年 7 月，《财富》中国上市公司 500 强榜单发布，冠捷科技荣登第 217 名。

冠捷科技坚持自有品牌业务和智能制造服务双轨发展，不断改善升级制造工艺流程，探索形成了较为成熟的智能制造模式。其旗下拥有多个显示行业自有品牌，如 AOC、AGON 和 Envision 等，并长期获得飞利浦（Philips）独家授权，运营其显示器、电视机及影音等业务。

冠捷科技实现了全球化布局，在全球建立了 12 个制造基地、8 个创新及研发中心、约 3500 个行销及售后服务点，为世界各地的客户提供优质及时的服务。

展望未来，为应对工业 4.0 的浪潮，冠捷科技将加快从"制造"向"智造"转型，稳步朝着 2025 年建成全面数字化工厂及营运数字化的目标迈进，为未来业绩长期增长注入动力。

附录 D 消费级泛显示终端品牌企业

海信视像科技股份有限公司

海信视像科技股份有限公司（原青岛海信电器股份有限公司，以下简称海信视像），于 1997 年 4 月在上海证券交易所上市，拥有海信、东芝和 VIDAA 三个品牌。海信视像位于山东省青岛市，主营业务涵盖智慧显示终端，以及激光显示、商用显示、云服务、芯片等新显示新业务板块。

海信视像在青岛、深圳、武汉，以及美国、欧洲、日本等全球多个地方设立了研发中心，拥有国家级多媒体重点实验室、国家级技术中心、业内领先的研发团队，构建了协同分工的研发体系，不断追求研发深度，从而提升产品的领先性与公司的核心竞争力。

海信视像坚持以技术创新为驱动力，通过显示技术、芯片、云服务、操作系统及人工智能技术的不断领先与高度协同，推出了中国第一款具有自主知识产权的数字视频处理芯片、中国第一条国产液晶模组生产线、国际领先的 ULED 背光技术、激光电视技术等行业领先的技术和产品，为公司产业升级提供了雄厚的技术支持。

据统计，从 2004 年至今，海信视像在海外的北美、欧洲的市场占有率大幅提升，在南非、澳洲、日本的市场占有率均位居前列，成为海信视像"大头在海外"战略布局的重要成果。

作为行业的领先者，海信视像致力于成为"显示无处不在、服务无处不在、连接无处不在"的全球一流系统显示解决方案提供商，通过基于核心科技的创新产品和服务，为用户智造品质生活，为提升用户生活品质和亿万家庭的幸福做出贡献。

杭州当贝网络科技有限公司

杭州当贝网络科技有限公司（以下简称当贝）成立于 2013 年 8 月，是目前中国知名的智能大屏增值服务提供商之一，专注于大屏领域的业务，是横跨软件、硬件和操作系统全生态的大屏端互联网平台型公司。

当贝旗下拥有国内领先的电视应用分发平台——当贝市场，以及当贝影视、当贝酷狗音乐、当贝教育、当贝健身等诸多优质的大屏应用。除此之外，其还为数亿的大屏 App 产品提供了当贝支付和当贝点金 SDK 服务，依托先进的云计算能力，精细化人物画像，不仅为开发者提供了强大的流量变现服务，还可帮助广告主实现精准营销。

2019 年，当贝正式入局大屏智能硬件赛道，推出当贝家用智能投影和当贝智能盒子产品。其中，其智能投影产品线不断扩充，目前已拥有当贝 F 系列大师投影、当贝 D 系列轻奢投影、当贝 X 系列激光投影、当贝 U 系列超短焦激光投影、当贝 C 系列便携投影等，建立了覆盖中高端多级用户的系列产品体系。凭借构建的"软件—系统—硬件"大屏生态体系，当贝发展成为投影仪品类的头部品牌，并已成功建立了零售、商用、运营商多渠道多支点的复合式销售路径。

2023 年，当贝投影仪正式进军海外市场，并在短短一年内取得了骄人的成绩：海外销售额突破 1 亿元，成为中国投影仪品牌出海的典范之一。

附录 D　消费级泛显示终端品牌企业

华为终端有限公司

华为终端有限公司（以下简称华为终端）隶属于华为技术有限公司，负责华为核心三大业务之一。其产品全面覆盖手机、个人计算机和平板电脑、可穿戴设备、移动宽带终端、家庭终端和终端云。其将传播的目标受众定义为理想行动派，即具有愿景的挑战者，也就是积极进取，有梦想有追求，坚信梦想能够通过努力而实现的一群人，希望人人可以享用新技术。

在产品方面，华为终端坚持精品战略，以差异化创新，勇敢打破看似不可能的各项技术极限，让世界各地更多的人享受技术进步的喜悦，与全球消费者一起以行践言，实现梦想。其具体落实在手机产品系列上即 Mate 系列的极致科技、P 系列的极致时尚、G 系列的极致性价比及 Y 系列的极致可获得。简而言之，华为终端将力争为消费者提供全球最好的产品。

华为终端的产品和服务遍及 170 多个国家，服务于全球 1/3 的人口，其 2015 年的全球智能手机出货量位列全球第三，在中国、美国、德国、瑞典、俄罗斯、印度等地设立了 16 个研发中心，拥有 1 个部级科技创新平台（住房和城乡建设部全屋智能重点实验室）。

极米科技股份有限公司

极米科技股份有限公司（以下简称极米科技）于 2013 年在成都高新区创立，是一家专注于新型显示领域，重点打造智能投影和激光电视等创新产品，集设计、研发、制造、销售和服务于一体的高新科创企业。2021 年 3 月，极米科技成功登陆上海证券交易所科创板。

自成立以来，极米科技一直保持高增长速度发展，以提升产品的用户体验为目标进行深入研发，在光机设计、硬件电路设计、整机结构设计、智能感知算法开发、画质优化算法开发、软件系统开发等方面掌握了多项核心技术，大幅提高了智能投影设备的性能和用户体验。

经过多年的开发积累，目前极米科技已具备涵盖光机设计、硬件电路设计及结构设计的完整投影产品整机开发能力，同时具备较强的工业设计能力。凭借出色的工业设计与产品体验，极米科技屡次获得国际权威工业设计大奖。

近几年，极米科技开始实施品牌出海战略与全球化业务布局，持续推进海外本土化团队建设，业务辐射德国、英国、法国、俄罗斯、日本、美国等 100 多个国家和地区，为全球超过 500 万终端用户提供产品和服务。

附录 D　消费级泛显示终端品牌企业

康佳集团股份有限公司

华侨城旗下的康佳集团成立于 1980 年，前身是"广东光明华侨电子工业公司"，是深圳市首家营业收入超百亿元的工业企业。1992 年，康佳集团于深圳证券交易所成功上市（深康佳 A、B），现有注册资本 24.8 亿元。如今，康佳集团已经发展成为中国乃至国际知名的企业品牌，在《财富》中国 500 强企业中排名第 230 位。康佳集团拥有在职员工 1.6 万余人，其中集团总部科研人员占比超 50%。

"十四五"开局之年，康佳集团以成为"国家科技战略践行者、高科技产业塑造者、高质量创新发展先行者"为企业使命，创造了经营发展的新高度。在深入践行"科技+产业+园区"发展战略的基础上，康佳集团创造性地推行"产业+园区+资本"的履带式盈利新模式，2021 年全年净利润同比增长 89.55%，达 9.05 亿元。其布局以 Micro LED 芯片为核心的一体化产业链，通过持续的自主创新和技术攻关，实现了在微米级别显示和巨量转移技术上的行业领先，启动了以光明科技中心为主要载体的大湾区科创中心先行示范基地建设，为推动"科技转型"、打造原创技术策源地和布局新兴产业链链长创造了有利条件。

康佳集团始终以创新为引领，在"十四五"期间继续坚持"科技+产业+园区"发展战略不动摇，聚焦"新消费电子+半导体+新能源科技"三大主导产业和"园区+投资"两大支撑产业，持续推进"产业+园区+资本"的履带式盈利模式，在突破关键环节核心技术的同时，拉长产业链，拓宽产品链，加强产业协同，促进聚拢式高质量发展。

雷鸟创新技术（深圳）有限公司

雷鸟创新技术（深圳）有限公司（以下简称雷鸟创新）于 2021 年 12 月 23 日成立，核心团队来自 AR、手机和智能屏等领域，是一家专注于消费级 AR 眼镜的领先企业。其由 TCL 电子孵化而来，拥有强大的技术背景和市场影响力。自公司成立起，雷鸟创新在短时间内迅速崛起，成为国内 AR 行业的领军企业之一。雷鸟创新在近眼显示光学设计、自研 AI 算法模型及多模态人机交互等领域拥有深厚的技术积累，并具备核心光学方案的全链路自研及量产能力。

雷鸟创新的产品线涵盖了多款 AR 眼镜，包括雷鸟 Air、雷鸟 Air 2、雷鸟 X2 等，这些产品采用了先进的 BirdBath 光学方案和 Micro OLED 显示技术，为用户提供了高清、舒适的视觉体验。雷鸟 Air 2 作为公司的旗舰产品，以轻巧的设计和强大的性能受到了市场的广泛认可。雷鸟 X2 则是全球首款公布和量产的双目全彩 Micro LED AR 眼镜，标志着雷鸟创新在 AR 领域的技术领先地位。

2023 年，雷鸟创新在国内外市场均取得了显著的成绩，其产品在京东、天猫等电商平台上销量领先，并在海外市场也获得了成功。雷鸟创新还与博士眼镜成立了合资公司，共同开展新一代 AI 眼镜的研发设计、销售、营销与服务等工作，进一步拓展了其在智能眼镜领域的业务范围。

雷鸟创新不仅在产品技术上不断创新，还在内容生态和应用场景上进行了深度布局。其与多家知名企业，如高通、Unity、阿里巴巴等建立了战略合作关系，共同推动 AR 生态的构建和发展。

附录 D　消费级泛显示终端品牌企业

联想集团

联想集团是一家总部位于中国的全球化科技公司，成立于 1984 年，由柳传志带领的 11 名科研人员创办。联想集团最初以代理销售国际微机品牌起家，随后逐渐发展成为全球最大的个人计算机制造商之一，并在智能设备和基础设施解决方案领域取得了显著成就。其业务遍布多个领域，包括智能设备、移动业务、数据中心业务和 IT 方案服务等。

联想智能平板主要面向现代办公环境中的专业人士和自由职业者，为其提供高效便捷的解决方案。其轻薄便携的设计使用户可以随时随地开展工作，无论是在会议室、咖啡馆还是在家中，用户都能获得无缝的使用体验。联想集团的某些平板型号专为商务用户设计，配备了键盘和触控笔等附件，提供了类似笔记本电脑的办公体验。

在教育领域，联想集团推出了针对 K12 人群的平板，如小新 Pad，这款设备以相对实惠的价格和针对教育优化的软件功能，满足了学生和教师的需求，成为联想集团 2023 年销量最高的产品。

在中国市场，联想集团作为中国个人计算机市场的领军企业之一，在平板领域始终维持一定的市场份额和品牌影响力。

茂佳科技（广东）有限公司

茂佳科技（广东）有限公司成立于 2003 年 6 月，是 TCL 科技集团股份有限公司的主要骨干企业，位于惠州市仲恺高新区，主营业务为智能电视、显示器、商业显示等带屏智能终端产品的设计、生产及销售，年出货量位列全球代工市场第二。其获得国家高新技术企业、广东省智能制造生态合作伙伴（首批）、惠州市企业技术中心和工程技术研究中心等多项企业资质。

其目前在全球拥有 5 个制造基地（中国惠州、中国成都，以及墨西哥、波兰、印度），惠州潼湖基地作为世界知名的智能制造基地，有先进的生产技术及超前的管理理念，拥有一流的自动化生产设施和先进的制造工艺，年产整机 1500 万台。其客户群体覆盖了除南极洲以外的所有大洲，并与超过 30 个战略客户及 150 个区域客户建立了合作伙伴关系。

其拥有较强的自主研发能力，拥有进行智能显示产品技术研究和产品开发的研发中心，组建了具备硕士、本专科等学位的 300 多人的优秀研发团队，研发技术人员都具有丰富的研发经验，为全球知名企业提供一流的产品和服务。其建立了完整的硬件、软件开发团队，具有智能机芯方案设计能力、软件应用的完全自主开发能力，具备全新基础结构设计能力。截至 2022 年 3 月，其已获授权专利 120 项。

附录 D 消费级泛显示终端品牌企业

青岛海尔多媒体有限公司

海尔集团于 1984 年在中国青岛创立，是全球领先的美好生活和数字化转型解决方案服务商。海尔集团深入全球 160 个国家和地区，服务全球 10 亿多用户家庭，拥有海尔智家、海尔生物、盈康生命 3 家上市公司，拥有海尔（Haier）、卡萨帝（Casarte）、Leader、GE Appliances、Fisher & Paykel、AQUA、Candy 七大全球化高端品牌和全球首个场景品牌"三翼鸟"（THREE WINGED BIRD），构建了全球领先的工业互联网平台卡奥斯（COSMOPlat）和物联网大健康生态平台盈康一生，在全球设立了 10+N 个创新生态体系、71 个研究院、259 个研究所及设计中心、29 个工业园、122 个制造中心、108 个营销中心和 24 万个销售网络。

青岛海尔多媒体有限公司的前身是青岛海尔电子有限公司，成立于 1997 年，是数字媒体时代的领先品牌，是现代时尚生活方式的提供商及新商业模式的缔造者。

荣耀终端有限公司

荣耀终端有限公司（以下简称荣耀）成立于 2013 年，是全球领先的智能终端提供商，致力于构建全场景、面向全渠道、服务全人群的全球标志性科技品牌。荣耀以创新、品质和服务作为三大战略控制点，坚持研发及前瞻性技术的持续投入，为消费者带来不断创新的智能设备。

在智能平板业务方面，荣耀平板品牌定位为"智慧互联轻办公工具"，旨在为用户提供高效、便捷的办公体验。荣耀平板 V 系列主要面向高端商务人士，采用高分辨率的 OLED 显示屏和性能强劲的处理器，支持手写笔输入和智能语音识别等功能。荣耀平板 C 系列主要面向学生和家庭用户，采用更加亲民的价格和主流的配置，同时注重软件的优化和丰富学习资源的提供。

荣耀智能平板在技术创新和应用方面也取得了显著成果。例如，AI 离焦护眼屏技术，通过 AI 技术调节屏幕亮度和色温，减少蓝光对眼睛的伤害，保护用户的视力健康。荣耀部分平板支持 AI 声纹降噪功能，可在视频会议中提供清晰的通话体验；同时具备多人会议转文本、文档编辑等智能办公功能，以提升工作效率。

荣耀智能平板深耕中低端市场以保持竞争力。2023 年，中低价位的荣耀平板 7 成为其最畅销的机型，推动荣耀智能平板位列中国平板线上市场销量第四位。随着荣耀在物联网领域的深入布局，其智能平板业务有望继续保持增长势头。

附录 D 消费级泛显示终端品牌企业

上海小度技术有限公司

上海小度技术有限公司的产品小度是百度"AI 生活"的重要业务布局。小度以 DuerOS 为核心，以硬件为载体，跨场景布局，持续探索软硬一体智能化创新，旨在为大众用户提供便捷、舒适、具有科技感的生活体验。

DuerOS 是对话式人工智能系统，也是小度的核心技术品牌，于 2024 年基于文心大模型重构，进化为全球首个 AI 原生操作系统。搭载 DuerOS 的设备可让用户以自然语言对话的交互方式，实现设备控制、情感交流、语音搜索、互动娱乐、学习教育等百种交互功能。DuerOS 通过小度自主品牌设备，已连接了 4600 万个家庭，并广泛搭载在 7 亿智能设备上，设备单月语音交互次数超 71 亿次，目前可连接的物联网智能家居设备已超 3 亿个，覆盖品类达 70 多个。

目前，小度自主品牌设备已涵盖智能屏/智能音箱、智能学习机、闺蜜机、健身镜、AI 平板机器人等多品类。其中，小度添添闺蜜机自 2023 年 3 月上市以来，引爆移动智慧屏市场，并在业内占据领先的市场地位。此外，小度全屋智能体验店已覆盖全国近 300 家门店，满足用户一站式体验购买需求。在专利方面，小度目前已获得近 1000 项国内外专利授权，其中发明专利 700 余项。

深圳创维-RGB 电子有限公司

深圳创维-RGB 电子有限公司成立于 1988 年，注册资金为 18.5 亿元，是创维集团旗下最大的电子产业公司，生产经营彩电、监视器、显示器、LED/OLED 显示屏、LCD 拼接屏、通信器件等多种电子硬件设备，同时坚持以大屏为中心，为用户创新性地提供一整套智慧生活整体解决方案，并通过 5G+8K 的技术赋能，推动行业再升级，布局 5G+8K 产业链，成为全国首家拥有 5G+8K 超高清显示技术重点实验室的企业。

其设有国家级企业技术中心、国家级工业设计中心，连续多年位列中国电子百强企业前列。自成立三十多年来，其始终坚持技术领先、品质至上，始终坚持管理创新、效率优先，始终坚持用户第一、服务到家，始终坚持员工为本、成果共享的经营理念。创维彩电、数字机顶盒等终端产品畅销国内外，市场占有率名列前茅；智能电视应用系统不断更新迭代，激活用户数达 9600 多万户；汽车智慧系统、智能人居系统业务已全面布局，进入应用市场。三十多年来，其累计申请专利 1 万余项，完成国家和省市重大科研任务 200 余项，获得省市科研成果 100 多项，于 2017 年参与完成我国 DTMB 标准制定，荣获国家科技进步一等奖。通过三十多年的艰苦奋斗、精心打造，"创维"（SKYWORTH）品牌已成为家喻户晓的世界级家电品牌；同时其还拥有 METZ、COOCAA 两个子品牌。

附录D 消费级泛显示终端品牌企业

深圳纳德光学有限公司

深圳纳德光学有限公司（以下简称纳德光学）是一家专注于光学显示开发与应用的国家高新技术企业、深圳市专精特新中小企业。纳德光学致力于先进光学设计、信息显示及智能硬件的开发与应用，是国内 AR/VR 近眼显示领域的技术领先者。

纳德光学在国内最早开发基于 Micro OLED 的高清近眼显示系统，是国内高清 XR 头显的开创者，在全球范围内已申请专利 200 余项，获授权专利 140 余项，包含 40 余项中国和美国发明专利，获得 XR 硬件首个国家专利奖。旗下品牌 GOOVIS 为高清头戴显示标杆品牌，畅销全球 60 多个国家和地区，广泛应用于医疗 3D 显示、眼健康、FPV 航拍、远程操控等行业，以及观影、游戏等个人娱乐领域。

深圳市火乐科技发展有限公司

深圳市火乐科技发展有限公司（以下简称坚果投影）成立于 2011 年，是一家专业从事智能投影设备研发及生产的高科技公司。

早在 2014 年，坚果投影即成立了前沿光学实验室，该实验室的核心成员来自苹果、三星等顶尖科技企业，累计获得专利超 500 项；数次荣获全球四大工业设计奖；首创 Bonfire OS，用前沿游戏引擎搭建全方位的智能体验，不断推动行业技术和设计的进化革新。

坚果投影在产品外观和功能设计上拥有强大的创新基因。从 G1 的圆形设计、P 系列的便携投影到 O 系列的超短焦投影、N 系列的云台投影，坚果投影坚持从用户需求出发，重新定义投影形态。

2022 年，坚果投影加快激光产品的研发步伐，投影光学团队历经两年的技术研发和突破，从核心的光源技术和底层光学架构着手，基于最前沿的三色激光，在光路设计、合光和匀光，以及成像显示全链路实现了探索创新，全新自研了更适合家用的小体积 MALC 目氪™三色激光光机。2023 年，在中国家用激光投影市场中，坚果投影表现优异，排名领先。

2021 年，坚果投影通过众筹开拓海外市场，并在 2023 年年初携旗舰产品 N1 Ultra 正式进军海外市场，通过产品宣发和持续的线上互动，成功收获了一批忠实粉丝及品牌知名度。

附录 D 消费级泛显示终端品牌企业

深圳市康冠科技股份有限公司

深圳市康冠科技股份有限公司（以下简称康冠科技）成立于 1995 年，是一家专注于智能显示产品研发、生产及销售的高新技术企业，主要产品包括商用领域的智能交互显示产品，家用领域的智能电视、电竞显示器、医用显示产品等，在深圳、惠州均建设有智能制造产业园。

康冠科技旗下有五家国家高新技术企业、两家国家级专精特新"小巨人"企业，拥有全球显示技术创新中心，拥有逾千名研发工程师。其持有有效发明专利、实用新型专利、外观专利、行业标准合计 800 余项。目前其已经在智能显示、多模态人机交互、超高清影音控制、绿色节能、第三代立体显示、透明显示、双面显示等前沿技术领域构筑了世界级的研发网络，并拥有国际化的开发经验。康冠科技坚持"科技美学"的产品开发理念，将科学与美学、技术与艺术、开发与设计融会贯通，通过创新的技术设计、精细化的质量管理、极致的成本控制、先进的智能制造，为客户提供从器件到模组，从板级控制到智能整机，从 4K 到 8K，从算法到生态的全方位智能终端产品和系统解决方案。

未来，康冠科技将以数字终端显示产业链的延伸与价值提升和业务布局为战略方向，借力内外部资源，推动研发能力和产品创新升级，提升产能，打造显示产业国际化智造生态链，拓展更加丰富的文化创意产品类别及服务，在平板显示产品领域攀登业界顶峰。

深圳市兆驰股份有限公司

深圳市兆驰股份有限公司（以下简称兆驰股份）于 2005 年 4 月成立，注册资本为 452694.06 万元。2010 年 6 月，其在深圳证券交易所中小企业板上市，股票代码为 002429。

兆驰股份主营业务方向为 LCD 电视、机顶盒、LED 元器件及组件、网络通信终端和互联网文娱等产品的设计、研发、生产和销售。其通过持续技术创新，不断推陈出新，丰富产品结构，完善产品体系。自 2015 年起，兆驰股份迈向更广阔的市场，从企业业务迈向消费者业务，从实业迈向互联网，同时，兆驰股份正积极进军半导体行业，布局 LED 外延片和芯片。随着兆驰南昌 LED 芯片产业园的顺利达产，兆驰股份将掌握核心技术并打通 LED 全产业链的各个环节。

成立至今，兆驰股份秉承"着眼未来"的理念，坚持"高起点、高科技、高质量、高效率"的发展战略，走自主创新的道路来发展公司事业。其拥有完善的自主研发体系，凭借各领域的技术积累，先后设计了无边框、曲面及 6 代直下式一体机，在外观造型和混光距离方面获得了突破性成果。在屏显技术上，其先后推出了 3D、4K 及量子点电视，并获得了 HDR 认证。同时，兆驰股份对国际最新技术标准、设备的发展方向做了前瞻性研究，拥有电视机、手机、笔记本电脑等大小屏互联互通技术、裸眼 3D 等储备技术，确保其未来几年在行业的技术领先优势。

通过多年的努力，兆驰股份已经成为全球消费类电子品牌和硬件厂商理想的合作伙伴，为国内外知名品牌提供极具竞争力的家庭影音产品。

附录 D　消费级泛显示终端品牌企业

四川长虹电器股份有限公司

四川长虹电器股份有限公司（以下简称长虹公司）创建于 1958 年，于 1994 年 3 月在上海证券交易所挂牌上市交易。历经数十年的发展，从初期立业、彩电兴业，到如今的信息电子相关多元拓展，其已成为集消费电子、核心器件研发与制造于一体的综合型跨国企业集团。

多年来，长虹公司坚持以用户为中心，以市场为导向，强化技术创新，夯实内部管理，持续为消费者和企业级用户提供卓越的产品与服务。目前，长虹公司主营"以电视机、冰箱、空调、洗衣机等为代表的家用电器业务，以冰箱压缩机为代表的部品业务，以 IT 产品分销和专业 IT 解决方案提供为代表的 IT 综合服务业务，以电子制造（EMS）为代表的精益制造服务业务及其他相关特种业务"等。

经世界品牌实验室（World Brand Lab）评测甄选，"长虹"品牌入选"2024 年（第十九届）亚洲品牌 500 强"最终榜单，位列第 53 位。

未来，长虹公司将沿着智能化、网络化、协同化方向，构建强大的物联网产业体系，不断提升企业综合竞争能力，逐步将公司建设成为全球值得尊重的企业。

TCL 科技集团股份有限公司

TCL 创立于 1981 年，前身为中国首批 13 家合资企业之一的 TTK 家庭电器（惠州）有限公司，最初从事磁带的生产制造，后来布局智能终端产品及新能源等领域，业务范围不断拓展。2019 年，TCL 完成资产重组，拆分为 TCL 科技集团股份有限公司（以下简称 TCL 科技）和 TCL 实业控股股份有限公司（以下简称 TCL 实业）。TCL 实业聚焦智能终端产品及服务，旨在以全品类智慧科技产品服务全球用户。TCL 电视属于 TCL 科技旗下的品牌，其特色技术如下。

TCL 领先画质技术：TCL 专注于开发 Mini LED 技术，历经多代技术革新，已成为 Mini LED 电视行业的先行者和领导者。

TCL 卓越音质技术：TCL 具有 20 多年的声学设计和音质调教经验，致力于将电视音响系统的最佳体验带给消费者。

TCL NXTPAPER 技术：TCL "未来纸"护眼显示技术将进一步减少外界眩光，打造接近书本纸张在自然光下的显示效果。

附录 D　消费级泛显示终端品牌企业

小米科技有限责任公司

小米科技有限责任公司（以下简称小米公司）成立于 2010 年 3 月 3 日，是专注于智能硬件、电子产品、芯片研发、智能手机、智能电动汽车、通信、金融、互联网电视及智能家居生态链建设的全球化移动互联网企业、创新型科技企业。小米公司创造了用互联网模式开发手机操作系统、发烧友参与开发改进的模式。

"为发烧而生"是小米公司的产品概念。"让每个人都能享受科技的乐趣"是小米公司的愿景。小米公司应用了互联网开发模式开发产品，用极客精神做产品，用互联网模式省掉中间环节，致力于让全球每个人都能享用来自中国的优质科技产品。

小米公司是全球最大的消费类物联网平台，该平台连接超过 8.22 亿台智能设备，进入全球 100 多个国家和地区。其智能手机和平板产品全球月活用户数达 6.58 亿。小米系投资的公司超 500 家，覆盖智能硬件、生活消费用品、教育、游戏、社交网络、文化娱乐、医疗健康、汽车交通、金融等领域。

附录 E
消费级音频终端品牌企业

深圳市漫步者科技股份有限公司

深圳市漫步者科技股份有限公司于 1996 年在北京创立了 EDIFIER 漫步者，于 2010 年成功登陆 A 股市场，股票代码为 002351。其主要从事家用音响、专业音响、汽车音响、耳机及麦克风的研发、生产、销售。其积极拓展海外市场，组建产品研发和销售团队，搭建全球营销网络，业务覆盖德国、英国、法国、意大利、美国、加拿大、日本、澳大利亚、俄罗斯、墨西哥等 80 多个国家和地区。

创立 20 多年来，EDIFIER 漫步者始终专注于音频技术的应用和实践，坚持科技创新和品质为先，先后在北京、广州和东莞等地设立了专业的设计和研发机构。其中，其于 2010 年投入使用的东莞松山湖生产中心，占地面积约 10 万平方米，总投资额达 8 亿元。EDIFIER 漫步者以精湛的电声技术、精细化的管理、精良的制造工艺和产品品质精心打磨每一款产品，让每一位用户都能轻松享受"好声音"。

附录 E 消费级音频终端品牌企业

深圳市韶音科技有限公司

深圳市韶音科技有限公司（以下简称韶音）成立于 2011 年。作为专业运动耳机品牌，韶音深耕开放式声学及佩戴技术，深入洞察运动爱好者的需求，不断推出适用于多种运动场景的耳机产品。秉承着让用户关注运动安全、享受运动乐趣、提升运动表现的品牌使命，韶音将致力于以科技创新引领运动耳机行业的发展。

作为专业运动耳机品类的开拓者，韶音始终立足于骨传导、定向声场等开放聆听声学技术的研发，并将其应用于户外运动、游泳等多系列产品中，如户外运动旗舰款 OpenRun Pro、户外运动标准款 OpenRun 运动耳机，游泳系列 OpenSwim MP3 播放器等产品。韶音凭借在声学领域多年的技术积累、对运动市场及人群的深度洞察，陆续推出十余款运动耳机产品，定义了开放聆听的全新品类概念，使更多运动爱好者关注运动安全，享受运动乐趣，提升运动表现。

拥有多项专利技术的韶音骨传导扬声器可以很好地把音乐转换成振动信号。戴上耳机，把扬声器放置在耳朵前方合适位置，音乐的振动就会通过面部骨骼传递。这一革命性的双耳开放体验，让我们在听音乐的时候保持环境警觉，更加安全，并且不用将耳机塞入耳朵，佩戴非常舒适。韶音正持续挑战这项专业技术的极限，并获得音质的大幅度改善。其专利技术双悬挂音频系统，通过将高质量的硬质传振片和软质传振片相结合，带来更均衡和丰富的声音。其首创的漏音消除技术，可抑制不受欢迎的漏音现象。其先进的数字信号处理技术，大大地提高了在嘈杂的环境中扬声器的音频质量和麦克风效果。

无锡未来镜显示科技有限公司

作为一家智能家居产品研发商,无锡未来镜显示科技有限公司(以下简称未来镜)于 2020 年 6 月在无锡滨湖区成立,专注研发透明显示和镜面显示科技消费品。

目前,未来镜已经获得多项镜面显示及透明显示专利,未来镜目前主赛道围绕镜面透明显示技术展开,分别有电子消费品和美业两条赛道,分别指向时尚类消费单品、To B 的医美机构和美容院场景,甚至会涉及健身房场景,形成了包括智能医美镜、智能健身魔镜、MORROR ART 音箱、MORROR 美业镜及月亮镜在内的产品矩阵。

附录 F
消费级安防终端品牌企业

杭州萤石网络股份有限公司

杭州萤石网络股份有限公司（以下简称萤石）创立于 2015 年，是海康威视旗下专注于智能家居产品和云平台服务的子公司，于 2022 年 12 月率先登陆科创板。萤石是一家自主掌握从硬件设计、研发、制造到物联网云平台全产业链的 AIoT 企业。其母公司海康威视重点布局工业产品，双品牌在消费级市场形成了"工业+消费"的全面布局。

萤石展开全球布局，在国内市场，深耕线下和线上市场，并且加大新兴电商布局；在海外市场，2023 年，萤石监控摄像头在线上市场展现出稳健的发展态势，其持续对产品创新升级，推动监控摄像头向视觉化、场景化、智能化升级。萤石在 2023 年发布了多款 AI 多目摄像头新品，可通过不同焦距的镜头组合，同时结合云台机转动追踪的特点，实现了大场景覆盖与远距离细节追踪查看的结合，一台设备即可满足用户对更大场景、更多细节看护的需求。此外，萤石进一步优化监控摄像头产品的无线化、便捷化，布局多款 4G 和电池类摄像头，解决了网络覆盖问题。在场景化方面，萤石深入挖掘用户细分场景，针对宠物发布了宠物看护摄像头。

萤石持续向智慧家庭渗透，推出以"摄像头+智能门锁+可视门铃"为核心的多产品线生态体系，通过与企业深度合作，构建开放、多元的智能家居生态圈。

附录 F　消费级安防终端品牌企业

鹿客科技（北京）股份有限公司

鹿客科技（北京）股份有限公司（以下简称鹿客）创立于 2014 年 5 月，以智能门锁为核心，致力于打造完整的智能安防生态体系。

鹿客在家用和商用市场均有布局。在家用方面，鹿客打造差异化产品，推出多款静脉识别智能门锁，在细分市场处于领先地位。此外，鹿客不断升级迭代，产品从指静脉识别拓展到掌静脉识别，再到双静脉识别。在商用方面，鹿客在保障性租赁住房市场推出"1+N+1"的智慧化解决方案，引领社区智慧化创新；同时，还打造了国内长租公寓行业首个软硬件一体化解决方案，为公寓管理方提供了全场景、在线化的全流程解决方案。

2019 年，鹿客已开始在海外市场布局，目前已覆盖了 50 多个国家和地区；鹿客在海外发布了全球品牌 Lockin，围绕家庭安防场景，打造了智能门锁、智能保管箱等一系列产品。

在产业链方面，2021 年，鹿客开始打造智能安防设备产业园一期，并建立了完善的智能门锁制造体系，实现了自有品牌的研发生产，同时为多家企业提供产品研发、设计、服务、推广等全方位的支持。2024 年，鹿客智能安防设备产业园二期正式投产，进一步扩大产能。

深圳市凯迪仕智能科技股份有限公司

深圳市凯迪仕智能科技股份有限公司（以下简称凯迪仕）成立于 2009 年，长期专注于智能门锁领域，是一家集产品研发、制造、品牌、全球销售、安装、售后于一体的全产业链公司，是国家高新技术企业。凯迪仕一直秉承"成就客户、团队合作、拥抱变化、诚信、激情、工匠精神"的核心价值观。

2023 年，凯迪仕在线下市场和精装修渠道发力，并且在线上展开多渠道布局。此外，凯迪仕加快在房屋租赁市场布局，推出智慧租住解决方案，以"智能硬件 IoT+业务系统+AI"为支撑，真正实现了软硬件一体智能化。

除国内市场外，凯迪仕已开启全球战略布局，目前在海外 B 端渠道已开拓北美、东南亚、中东等市场，与 10 余家国际性企业达成战略合作；而在海外消费级市场，已进驻亚马逊、eBay 等国外电商平台。

凯迪仕通过持续的技术创新和产品研发，奠定了在高端智能门锁市场的领先地位。目前，凯迪仕拥有传奇大师 K70 系列、创世 K20 系列，金刚 P30 系列等多个系列产品，其中传奇大师 K70 系列配备掌静脉识别、3D 人脸识别、指纹识别和密码等解锁方式，并且搭载了凯迪仕首创的"神盾智能安全系统"，全方位构建了智能门锁安全标准体系。凯迪仕的创新升级不仅提升了产品的安全性和智能化水平，还为用户提供了更为便捷和高效的使用体验。凭借对用户需求的深刻理解和持续的技术投入，凯迪仕不断拓展全球市场份额，巩固了其在全球高端智能门锁行业的市场地位。

附录 F 消费级安防终端品牌企业

深圳市乔安科技有限公司

深圳市乔安科技有限公司（以下简称乔安）创立于 2010 年，是一家集研发、制造、营销、服务于一体的视频安防类企业。

乔安的渠道布局较为全面，在国内线下渠道、国内线上市场、运营商，以及海外市场均有产品布局。此外，乔安深耕方案生态市场，形成了乔安自有品牌摄像头+乔安监控生态方案+品牌 ODM 的多元化稳健互补的业务发展模式。

作为消费类网络摄像头极具代表性的品牌之一，乔安在产品品质、极高性价比、创新迭代等方面具有明显的综合优势。乔安紧跟市场节奏，产品更新迭代速度飞快。目前乔安的监控摄像头产品主要以单目、多目、低功耗为主，其中多目占据一半以上的销售额且还在继续增加；与此同时，乔安也正在储备带 AI 算法功能的安防产品。在价格方面，乔安的产品线覆盖从 99 元到 499 元的多个价格段。

在供应链方面，乔安拥有全链式的自主化，在供应链成本的管理和产品开发的及时性方面有更多的竞争优势，因此在同性能、同参数的产品中更具性价比。

浙江德施曼科技智能股份有限公司

浙江德施曼科技智能股份有限公司（以下简称德施曼）创立于 2009 年，十多年来专注于智能门锁产品的研发与制造，是一家集高科技智能门锁产品研发、制造、销售、安装、售后于一体的全产业链企业。

德施曼展开全渠道布局。在国内市场，德施曼深耕 B 端工程渠道，与多家中高端房企建立了持续合作；在 C 端市场，其开启线上线下融合发展，在线下对门店升级，在线上已入驻抖音、拼多多等新兴渠道，并且与运营商深度合作。除国内市场外，德施曼已加速全球布局。

德施曼在中高端市场表现优异，布局四大产品矩阵。其中，中端市场布局了大圣、小嘀两大产品系列，高端市场布局了玄武、麒麟两大产品系列。

德施曼在技术方面具备一定的实力，其与核心知识产权及质量相关的产品零部件均由企业自主研发生产。德施曼以"用户第一"为核心，持续发布突破性技术。2023 年，德施曼发布了四大行业突破性技术，即 Shotax 哨兵猫眼系统、AI 虹膜识别技术、首家接入微信音视频通话功能、AI 语音注册系统。此外，德施曼在指静脉识别智能门锁领域同样取得了显著的市场成绩，是行业技术和功能创新的领导企业之一。

附录 G
商用级显示终端品牌企业

创维光电科技（深圳）有限公司

创维光电科技（深圳）有限公司（以下简称创维光电）成立于 2001 年，是创维集团旗下专注于显示模组、智能商用显示整机的国家级高新技术企业，总部位于科技前沿深圳，同时在广东江门、江苏南京设有产研基地。

依托创维集团的强大背景，创维光电整合了珠三角、长三角的成熟供应链资源，构建了一支专业的供应链团队。通过引进先进的智能化设备与融入数字化的生产管理工具，创维光电形成了强大的制造综合实力。其近年来不断通过多项品质体系认证，确保了产品的高质量。

经过多年发展，创维光电在产品创新、渠道拓展和营销模式上不断探索，推出的以 AI 为核心的智慧教育整体解决方案，获得了业界的广泛认可和好评。以新一代显示技术为依托的 OLED、柔性屏等显示模组的研发设计实力让创维光电与多家国际级显示企业达成战略合作。全新落成的江门创维智能显示产业园是智能制造示范园区，显示了创维光电在智能制造领域的实力和对未来智能制造趋势的深刻洞察。目前，创维光电在 LCD 模组和商业显示领域保持行业领先地位，已成为推动创维集团实现千亿营收目标的重要力量。

附录 G　商用级显示终端品牌企业

广州视源电子科技股份有限公司

广州视源电子科技股份有限公司（以下简称视源股份）成立于 2005 年，于 2017 年在深圳证券交易所挂牌上市（股票代码：002841）。作为显示、音频、交互、连接及人工智能技术的领航者，视源股份在液晶显示主控板卡、交互智能平板领域处于国际领先地位，连续三年营收超 200 亿元，获评首批国家制造业双创试点企业、国家高新技术企业、国家知识产权示范企业等，并连续七年荣列"中国制造业 500 强"。

视源股份拥有一支由数千名高素质研发人才组成的创新团队，通过不断突破技术瓶颈，推动产品迭代升级，确保企业在激烈的市场竞争中保持领先地位。截至目前，视源股份已拥有 LCD 电视主控板卡、希沃（seewo）交互智能平板、MAXHUB 领效会议平板等三项工业和信息化部认证的国家级制造业单项冠军产品。

同时，视源股份还基于三大单项冠军产品的积累，在电子部件、未来教育、商用显示、算力产业、汽车电子、医疗健康、智能硬件等多个产业板块进行布局，通过技术创新和跨界融合，不断拓展业务领域和市场空间。

在加大研发投入的同时，视源股份高度重视对创新成果的保护。截至目前，视源股份的专利申请量累计突破 1.3 万项，累计授权专利超过 9000 项。视源股份还深度参与发布行业相关国家标准 9 项、行业标准 8 项、团体标准 50 项。视源股份旗下的广州视睿被评为国家知识产权示范企业，旗下的广州视臻和广州视琨被评为广东省知识产权示范企业。

鸿合科技股份有限公司

鸿合科技股份有限公司（以下简称鸿合科技）是国内教育信息化领域的重要企业、智能交互显示行业的知名品牌、全球屈指可数的集研产销等全环节于一体的行业龙头企业之一，在全球范围内设立了50多个分支机构。

作为在深圳证券交易所上市的高科技企业，鸿合科技始终坚持创新驱动、技术引领的发展战略，专注前瞻技术研发，形成了完整的研发体系。2019年1月，鸿合科技与中国科学院软件所等共同主导的"笔式人机交互关键技术及应用"项目荣获"国家科学技术进步奖二等奖"。

2019年7月，鸿合科技与中国科学院软件所共同成立了"自然人机交互技术联合实验室"。鸿合科技"植根教育智能技术，服务全球亿万师生"，致力于成为教育信息化发展历程的推动者和领导者。

2023年，鸿合科技不断加强业务拓展，持续提升国内市场和海外市场的占有率，海外自有品牌实现新突破；同时加大教育科技产业战略投资，布局AI、智慧体育等前沿技术和新领域，进一步夯实教育数字化全生态体系建设布局，打开未来增长新空间。

附录 G 商用级显示终端品牌企业

青岛海信商用显示股份有限公司

青岛海信商用显示股份有限公司成立于 2017 年 3 月，是海信集团旗下专注于商用显示产品及系统解决方案的集研发、生产、销售、服务于一体的高新技术企业，致力于科技创新，以高质量的产品和服务，让显示无处不在、连接无处不在、服务无处不在。

近年来，其持续加强在显示领域的应用拓展，已成为海信集团 B2B 板块的核心力量。依托海信集团在显示行业充足的技术储备、丰富的资源积累、稳定的质量优势，其聚焦细分市场，实现显示产品在多场景的智慧应用；打造差异化的产品及技术优势，逐步形成在教育、政企、零售、金融、展览展示等行业的产品开发和解决方案布局，已成为商用显示领域的中坚力量。

其致力于打造商用显示领域的行业标杆，以显示产品为核心，不断创新业务，建立以客户为中心的生态共赢圈，为不同行业和合作伙伴提供优质与有竞争力的产品及解决方案，用技术点亮世界，用服务温暖客户，成为全球商用显示领域值得信赖的伙伴。

近年来，其着眼于不同领域的需求重点发力，重新定义"Vision"产品线阵容："Vision Board"智慧黑板为教育信息化助力；"Vision Hub"全场景智慧平板为政企数字化赋能；"Vision One 巨幕"LED 一体机专为会议室、演播厅打造；"Vision X 视界"LED 拼接屏为大场景而生并可无限拼接延展；"Vision Flip"数字标牌、LCD 拼接屏面向展览展示、商业零售等多行业多场景。此外，其还深耕商用激光领域，推出工程激光投影机产品，发力商用投影领域。

深圳市皓丽智能科技有限公司

深圳市皓丽智能科技有限公司始终引领行业向上发展，展现出强者恒强的态势。皓丽会议平板作为常年"爆款"的存在，凭借强大的功能与性能，连续七年领跑市场，深受政府、企业、金融、医疗、教育等行业用户的青睐与好评，成为各行业数字化转型的利器；而作为会议平板新场景的补充与延伸，皓丽会议电视的推出，更是出品即爆品，上市以来，不仅连续霸榜商业显示品类销售 TOP 榜、商业显示品类销售增速 TOP 榜，更成功揽获京东会议电视赛道年度趋势新品奖项。

面对消费者日益多元化的需求，其持续推陈出新，用更丰富的产品线匹配更多细分应用场景。LED 会议一体机、智慧讲台、企业级直播一体机等新品持续推出，目前已经实现多领域、全场景覆盖。其产品畅销全球 96 个国家和地区，成为全球用户的智会之选。

深圳市皓丽智能科技有限公司的增长完美验证了雪球效应，从单品王者到全场景专家，其凭借会议品类的先发优势，持续扩张，全方位满足用户差异化的需求。

附录 G　商用级显示终端品牌企业

深圳市中银科技有限公司

在当前数字化背景下，深圳市中银科技有限公司（以下简称中银科技）深耕智能显示、智慧教育、智慧医疗等领域的市场 20 余年，服务全球 2000 多万名用户；国家电网、中国南方电网、字节跳动、中国石油等世界 500 强企业都是中银科技服务的优质客户群。中银科技广告机产品连续多年在市场占有率排全国前三。中银科技商业显示产品是中国商业显示十大品牌、中国教育十大品牌、CCC 认证产品及 CQC 认证产品等，拥有专利/软件著作权上百项。这些成就不仅彰显了中银科技的商业显示产品在市场上具有非凡的竞争力，还彰显了中银科技在广大消费者心中不可撼动的独特价值与深远的市场渗透力。

特别值得一提的是，中银科技积累了二十多年的丰富经验，历经三年之久，精准洞悉市场与消费者的需求，匠心打造了中银闺蜜机。中银闺蜜机自上市以来，市场反响热烈，领跑地位稳固，聚焦行业目光。中银闺蜜机均衡性能与高性价比并重，流畅稳定，超越同行，精准匹配用户的多元化需求，成为优选。无论娱乐、学习或工作，中银闺蜜机皆为不可或缺的良伴，持续引领市场热潮。

中银科技商业显示产品的市场强劲，源于二十余年的深耕积累。其品牌广受业界与消费者赞誉，构筑了稳固的用户信任与忠诚度。这些无形资产坚如磐石，有力支撑并保障其在商业显示领域的市场占有率。这份持久的信赖，成为中银科技持续前行的强大动力；中银科技在未来也将持续助力各大产业体系改革升级，推动传统行业向高端化、智能化、绿色化、数字化转型升级，为中国市场走向数字化主流形态注入新的活力。

反侵权盗版声明

电子工业出版社依法对本作品享有专有出版权。任何未经权利人书面许可，复制、销售或通过信息网络传播本作品的行为；歪曲、篡改、剽窃本作品的行为，均违反《中华人民共和国著作权法》，其行为人应承担相应的民事责任和行政责任，构成犯罪的，将被依法追究刑事责任。

为了维护市场秩序，保护权利人的合法权益，我社将依法查处和打击侵权盗版的单位和个人。欢迎社会各界人士积极举报侵权盗版行为，本社将奖励举报有功人员，并保证举报人的信息不被泄露。

举报电话：（010）88254396；（010）88258888
传　　真：（010）88254397
E-mail：　dbqq@phei.com.cn
通信地址：北京市万寿路173信箱
　　　　　电子工业出版社总编办公室
邮　　编：100036